漢字

학부모님들의 뜨거운 사랑, 최고의 학습지로 보답하겠습니다!

기탄학습지를 사랑해 주시는 전국의 유·초등학생, 그리고 학부모님 여러분!

　그동안 기탄교육은 대한민국 모든 어린이들이 공평한 교육기회를 누릴 수 있도록, 저렴하면서도 최고의 학습효과를 거둘 수 있는 서점용 학습지를 개발·보급하여 왔습니다. 대표 브랜드 기탄수학을 비롯하여 기탄사고력수학, 기탄국어와 급수한자, 스텐퍼드영단어 등 기탄의 학습지들은 자녀교육에 관심이 높은 학부모님들께 꾸준한 인기를 얻었으며, 그 결과 기탄수학이 3년 연속 주요 일간지 학습지부문 히트상품에 선정되기도 했습니다. 또한 외국 교포, 외국에서 근무하는 외교관이나 상사주재원의 자녀, 이민이나 조기유학을 떠나는 학생들에게 기탄학습지는 꼭 챙겨야 하는 중요품목으로 자리잡게 되었습니다.

　기탄교육은 이러한 성원에 힘입어 교재에 대한 다양한 요구를 수렴하고, 교육의 시대적 변화에 능동적으로 대처한 신개념 학습지 기탄한글과 기탄영어를 개발하여 전국의 학부모님들로부터 뜨거운 찬사를 받고 있습니다. 특히 세계 최초로 채택한 4 in 1 시스템 제본은 뛰어난 학습 효과는 물론이고, 고객중심의 사고로 우리나라 교육출판 역사에 한 획을 그은 획기적인 발상으로 평가받고 있습니다.

　이번에 새로이 선보인「기탄한자」역시 어린이들과 학부모님의 기대에 부응하는 최고의 한자학습지라 자부합니다. 최근 한자능력검정시험에 응시하여 자격증을 따는 초등학생의 숫자가 기하급수적으로 증가하는 등 한자교육의 중요성이 높아지고 있습니다. 특히 어릴 때부터 한자를 익히면 중국어나 일본어를 습득하는데도 큰 도움이 될 뿐만 아니라 국어의 언어능력이 높아지고 학습효과가 증대된다는 많은 연구보고가 있습니다.

　'곡식은 농부의 발자국 소리를 듣고 자란다'는 말처럼 아이들 교육에서도 부모의 관심과 애정이 가장 큰 힘이요, 자양분입니다. 무조건 값비싼 사교육에 우리 아이들을 맡기기보다는 아이들 스스로 공부하는 힘을 길러줄 수 있도록 기초 교육만큼은 부모님께서 직접 챙겨 주십시오.
　앞으로도 저희 기탄교육은 항상 연구하고 노력하는 자세로 부모와 자녀가 함께 공부할 수 있는 좋은 교재를 개발하기 위해 모든 노력을 경주하겠습니다.

　기탄을 사랑하시는 전국의 모든 학부모님과 어린이 여러분께 진심으로 감사의 말씀을 드립니다.

(주) 기탄교육 임직원 일동

그림으로 익히고 놀이로 기억하는
〈입체 한자 학습프로그램〉

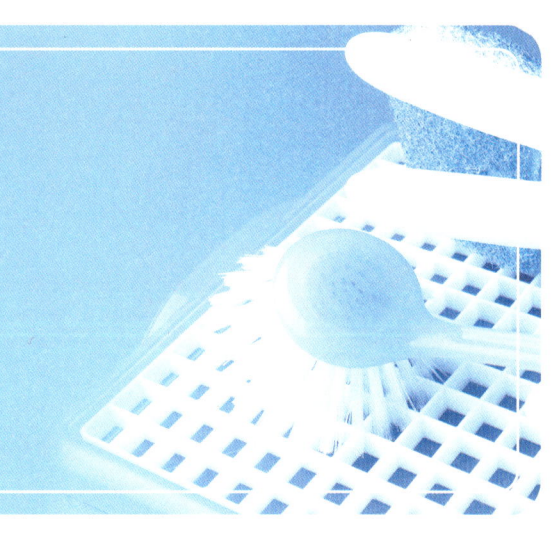

이미지 연상에 의한 그림 한자 학습

한자는 그림에서 출발한 문자입니다. 사물의 모양을 본떠서 점차 상징화된 표의문자(뜻글자)로 발전하여 오늘날 세계에서 가장 많은 수의 인구가 사용하는 문자가 되었습니다. 기탄한자는 아이들에게 한자를 그림의 일부로서 뜻을 기억하게 하고 사물의 모양에서 문자 요소를 각인하도록 하였습니다. 학습지업계 최초로 이미지 연상을 통한 그림 한자를 개발하여 아이들은 한자를 기호가 아닌 그림 덩어리로 받아들여 저절로 기억하게 됩니다.

자원변화 과정의 이해를 통한 원리 이해 학습

기탄한자는 무조건 쓰고 외우는 방식이 아니라 자원변화 과정의 이해를 통한 제자 원리를 이해하도록 합니다. 갑골문 - 금문 - 설문해자의 한자 변천 과정을 아이들의 눈으로 접해 보며 원리 이해에 의한 한자 학습을 진행합니다. 문자학계의 정설을 엄선하여 학문적으로 여러 번의 감수와 고증을 거친 한자 학습의 표본이 될 수 있는 한자 학습프로그램입니다.

학습 효과를 극대화하는 체계적인 학습 전개 방식

한 주의 학습 전개 방식은
복습 ➡ 도입 ➡ 전개 ➡ 활용 ➡ 정리 ➡ 상식 ➡ 놀이
학습의 순서로 전개됩니다.

복습 한 주 학습의 시작은 항상 지난 주에 학습했던 한자의 복습으로 출발합니다.

도입 재미있는 창작 동화를 통해 이번 주에 익힐 한자의 개념을 접하고 스티커 활동을 통해 흥미를 불러일으킵니다.

전개 각각 한자의 뜻과 소리와 모양 그리고 필순, 부수, 한자어 등을 익히게 됩니다.

활용 학습한 한자를 다양한 놀이 방법을 통하여 자연스럽게 좌뇌와 우뇌를 개발하는 이미지 학습법으로 한자 실력을 다져 나갑니다.

정리 앞서 익힌 3요소, 필순, 부수 등 한자의 가장 필수적인 내용을 마무리합니다.

상식 한자와 관련된 상식, 고사, 유래, 일화 등 여러 가지 흥미로운 이야기들을 엄마와 아이가 함께 읽어 나가면서 학습에 진정한 재미를 느낄 수 있습니다.

놀이 오리기, 접기, 만들기, 퍼즐 맞추기, 그림 그리기, 만화 등 아이의 오감을 이용할 수 있는 놀이 활동으로 한 주 학습을 마무리합니다.

아이들은 한자박사로, 엄마는 진정한 선생님으로 만들어 드립니다

아동의 좌우뇌 발달을 돕는 한자 학습

대뇌를 연구하는 학자들에 의하면 6세 이전에는 우뇌가 주로 발달하고 그 이후에는 좌뇌 발달이 이루어진다고 합니다. 우뇌는 이미지, 직관, 예술 등의 기능을 담당하고 좌뇌는 분석적, 논리적, 언어적인 역할을 담당합니다. 기탄한자만의 자랑인 그림 한자, 도트 연결 한자, 숨은 한자, 직관 한자 등 이미지 요소 학습을 통해 직관력과 통찰력을 키워 아이의 우뇌를 자극해 줍니다. 또, 뜻, 소리, 모양 분리하기, 규칙성 알기, 모눈한자 따라가기, 모양 추리하기, 한글·한자병기 학습은 아이의 좌뇌를 개발시켜 줍니다. 10세 미만의 아이라면 바로 기탄한자로 아이의 두뇌개발을 도와 주세요.

하나의 한자를 37회 연습하는 완전학습 프로그램

예를 들어 山(산/뫼 산)이라는 하나의 한자를 기탄한자 프로그램 내에서 총 37회의 학습 기회를 갖게 했습니다. 복습, 도입, 전개, 활용, 응용 등 다양한 학습의 장을 마련하여 아이들은 자신도 모르는 사이에 한자를 접하고 익히게 됩니다. 37회의 학습 기회는 한자를 완전학습으로 이끌어 주는 지름길이 됩니다.

다양한 놀잇감을 통한 입체적 놀이학습

기존의 주입식, 쓰기 일변도의 한자 학습법에서 벗어나 아이들의 오감을 자극하고 아이들이 학습의 주인공이 되는 부교재와 함께 학습합니다. 각 집(권)마다 한자 카드, 스티커는 물론, 한자어 카드와 모형 놀이, 창열기 놀이, 파노라마 놀이, 조각 한자 맞추기 놀이, 병풍 놀이, 브로마이드 등 패키지 학습물 수준의 놀잇감이 아이들의 학습을 재미로 이끌어 줍니다.

독립적인 복습호 운용과 학습 성취도 평가 시스템

4주마다 한 번씩 복습주를 편성하여 앞서 익힌 한자들을 기억하도록 구성하였습니다. 이미 학습한 한자를 시간의 흐름과 함께 잊어버리지 않도록 각 집(권)마다 1호씩 총복습의 기회를 갖게 합니다. 또, 복습호에서는 일정 기간 동안의 학습 성취도를 점검하는 형성평가를 구성하여 올바른 진도 진행을 도왔습니다. 엄마는 집(권)별 형성평가와 각 단계별 총괄평가를 통하여 우리 아이의 학습 상황을 점검하고 적절한 동기유발과 칭찬으로 진정한 엄마 선생님이 될 수 있습니다.

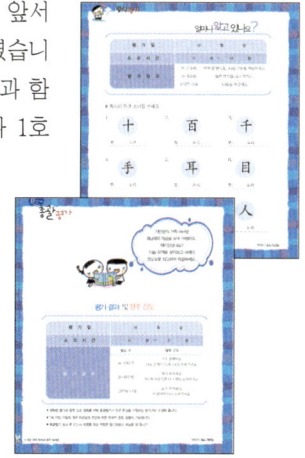

〈형성평가와 총괄평가〉

어렸을 때 배운 한자는 평생을 통해 활용됩니다
한자 학습의 중요성이 날로 높아지고 있습니다

● **한자 학습은 왜 필요할까요?**

한자 학습은 이제 선택이 아닌 필수가 되었습니다. 우리의 언어 생활에 반드시 필요한 영역이라는 인식과 함께 한자가 지닌 학문적 전이성, 시대적 필요성 등이 재해석 되고 있기 때문입니다.

첫째, 우리말의 70% 이상이 한자어로 이루어졌기 때문에 기본적인 언어 생활에 도움을 줍니다. 곧 우리말을 바르게 이해하고 올바른 국어 생활을 하기 위해서는 한자를 아는 것이 필수적입니다.

둘째, 국어, 수학, 사회, 역사, 외국어 등 다른 학과 공부에 많은 도움을 줍니다. 예를 들어 수학을 공부할 때 분자(分子), 분모(分母), 분수(分數) 등 한자를 알고 있는 아이라면 수학의 개념도 훨씬 더 쉽고 정확하게 이해할 수 있습니다. 이렇게 한자는 타과목의 도구 교과적인 성격을 갖고 있습니다.

셋째, 어휘력과 이해력의 신장으로 문장 의미 파악이 쉬워져 책을 가까이 하는 아이로 만들어 줍니다. 한자는 조어력(造語力)과 의미 함축성이 매우 뛰어난 문자입니다. 이러한 이유로 전문서적이나 학술 용어 등은 한자로 표현되어 있습니다. 많은 양의 독서 경험은 곧 아이의 생각하는 힘과 창의력을 길러 줍니다.

넷째, 한자나 한문에는 선인들의 지혜와 윤리관이 배어 있어 바람직한 가치관과 예의범절을 배울 수 있습니다. 고전, 명문 속에 담긴 효행, 우애, 경로 등 사상적인 유산을 통해 바람직한 가치관을 가질 수 있고 나아가 사람이 해야 할 도리, 어른을 공경하는 자세, 학문을 배우는 자세 등도 익힐 수 있습니다.

● **한자 학습의 추세는 어떤가요?**

한자 사용을 사대주의적 발상, 중국의 문자 차용이라고 보는 종전의 시각에서 벗어나 이제는 우리 언어의 일부라는 인식이 확대되어 초등학생부터 성인까지 한자 학습 열풍이 불고 있습니다.

첫째, 한자능력검정시험의 자격증이 국가 공인 자격증으로 인정됨에 따라 유아~성인에 이르기까지 한자 학습 붐이 일고 있습니다.

둘째, 21세기의 주역으로 한자 문화권이 급부상함에 따라 중국어, 일본어의 기초로서 한자 학습의 열기가 높아지고 있습니다. 한자는 세계인구의 1/4이 사용하고 있는 국제 문자로서 앞으로 그 중요성은 날로 높아질 것입니다.

셋째, 2005년부터 대학 수학 능력 시험 외국어 영역에 한문 과목이 추가되고 중·고등학교의 시험 출제 유형에서 논술 유형 출제 비중이 높아짐에 따라 한자 학습의 조기 교육이 일반화되어 가고 있는 상황입니다.

넷째, 대부분의 초등학교에서 재량시간으로 한자 학습을 시행하고 있습니다. 70년대 이후 한자 교육을 전혀 받지 못했던 부모님들과는 달리 현재 대부분의 초등학생들이 한자를 배우고 있습니다.

다섯째, 각종 공문서, 도로 표지판 등에 한자를 병기하는 국가 정책과 경제계, 교육계 등 각계의 한자 학습 요구에 대한 발표로 한자 학습의 중요성은 더욱 높아지고 있는 상황입니다.

한자 학습은 아이의 두뇌를 개발해 줍니다
한자 학습의 체계! 기탄한자가 잡아 줍니다

● 한자 학습의 효과는 무엇인가요?

▶ 한자는 그림에서 시작된 문자로서 구체적 이미지 자체가 곧 문자가 되었습니다. 이러한 시각적 이미지를 통한 학습은 곧 아동의 우뇌를 자극해 줍니다.

▶ 한자는 하나의 기초 개념에서 새로운 개념을 창출해 나갑니다. 이러한 과정을 통하여 아동의 창의력, 어휘력을 길러 줍니다.

▶ 한자는 저마다의 뜻, 소리, 모양을 각기 지닌 문자입니다. 이렇게 저마다의 뜻과 소리, 모양을 분석하는 연습을 통해 아동의 좌뇌 발달을 돕습니다.

▶ 한자는 부수와 몸이라는 수많은 부속품들의 조합으로 이루어진 문자입니다. 이러한 부속품들의 분리와 합체 과정을 통해 아이의 좌뇌를 발달하게 하고 논리력, 분석력을 키워 줍니다.

▶ 한자가 갖는 문자학적 특징은 조어력, 의미 함축성, 의미 명시성이 있습니다. 이미 만들어진 한자와 한자를 결합하여 새로운 단어를 만드는 조어력, 의미를 함축적으로 표현할 수 있는 의미 함축성, 의미가 바로 드러나는 의미 명시성이 있습니다.

한자 학습의 연구가 활발히 이루어지는 일본에서는 한자 학습의 시기가 빠를수록 좋다고 합니다. 그것은 우뇌 발달 시기인 6세 이전에 표의문자를 더 쉽게 받아들일 수 있으며, 초등학교 1학년 때가 가장 높은 효과를 보인다는 주장입니다. 그러므로 어른들의 관점으로 한자가 유아들에게 어렵다는 편견은 버려야 하며 한글을 어느 정도 읽을 수 있는 시기라면 한자 학습의 적기라고 할 수 있습니다.

● 기탄한자는 어떻게 구성되었나요?

▶ 기탄한자는 그림과 놀이로 시작하는 기초 한자 과정에서부터 고전명저의 명문장까지 한자 학습의 체계를 세우는 프로그램입니다. 중학교 교육용 한자 900자의 범위에서 기초한자(낱자)과정 ➜ 조어(교과서 한자어)과정 ➜ 문장(고전)과정의 학습까지 한자 학습의 체계를 세우는 학습목표로 개발되었습니다.

▶ 기초한자(낱자)과정(A단계~D단계)에서는 한자를 처음 시작하는 유아에서 한자 학습의 경험이 없는 초등학교 2학년생을 대상으로 상형자, 지사자 등 쉬운 개념의 기초한자 168자를 익히게 됩니다.
시각 이미지를 통한 그림한자의 각인과 다양한 부교재를 통한 놀이 학습으로 재미있게 학습하는 특성을 지니고 있습니다. 또, 최고의 일러스트와 세련된 디자인으로 아동의 정서적 심미감을 기를 수 있는 프로그램입니다. 기존의 한자 교재와는 차별화된 학습 효과를 얻을 수 있습니다.

▶ 조어(교과서 한자어)과정(E단계~G단계)에서는 총 90여권의 초등학교 교과서에 쓰인 모든 한자어를 사용 빈도와 한자 난이도에 따라 분석한 방대한 양의 데이터베이스를 갖추어 156자의 학습 한자와 530여 한자어를 선정하였습니다.

신출 한자와 이미 학습한 기출 한자를 조합하여 새로운 어휘를 만들어 내는 무궁무진한 조어(造語)의 원리를 아이가 스스로 깨달아 이해력과 어휘력이 높은 아이로 자라나게 해줍니다. 또 단편적인 한자 암기 학습에서 벗어나 국어, 수학, 사회, 과학 영역의 다양한 예문 학습과 창작 동화, 인물, 시, 신문, 고전이야기 등의 학습으로 학교 수업에 자신감을 길러 주고 나아가 어휘력, 사고력 향상으로 논술의 기초 능력까지 배양해 줍니다.

구성내용

A·B단계 교재별 구성내용은 이렇습니다

◆ 기탄한자 **A단계** 호별 학습 내용 및 부교재

집	호		학습 한자	학습 한자어	부교재
1집	1	1a ~ 12a	山, 川, 日	강산, 등산/ 하천, 산천/ 일기, 일월	한자 모형 놀이 한자 카드 한자어 카드
	2	13a ~ 24a	月, 火, 水	반월, 월급/ 화산, 화재/ 수영장, 수요일	
	3	25a ~ 36a	木, 金, 土	목수, 식목일/ 금구, 황금/ 국토, 토지	
	4	37a ~ 48a	복습+놀이 학습	복습	
2집	5	49a ~ 60a	一, 二, 三	一등, 통一/ 二층, 二학년/ 三각형, 三총사	한자 창열기 놀이 한자 카드 한자어 카드
	6	61a ~ 72a	四, 五, 六	四방, 四계절/ 五선지, 五월/ 六학년, 六반	
	7	73a ~ 84a	七, 八, 九	북두七성, 七면조/ 八도강산, 八방미인/ 九관조, 九구단	
	8	85a ~ 96a	복습+놀이 학습	복습	
3집	9	97a ~ 108a	十, 百, 千	十자가, 十월/ 百점, 百화점/ 千자문, 千리마	한자 파노라마 놀이 한자 카드 한자어 카드
	10	109a ~ 120a	耳, 目, 口	耳목, 耳비인후과/ 제目, 면目/ 식口, 출입口	
	11	121a ~ 132a	人, 手, 足	人간, 人형/ 手술, 선手/ 足구, 수足	
	12	133a ~ 144a	복습+놀이 학습	복습	
4집	13	145a ~ 156a	田, 石, 玉	유田, 대田/ 石공, 石굴암/ 백玉, 玉동자	한자 브로마이드 한자 카드
	14	157a ~ 168a	力, 大, 小	인力거, 풍力/ 大학생, 大가족/ 小아과, 小인국	
	15	169a ~ 180a	上, 中, 下	上의, 上행선/ 中국, 中심/ 下교, 下인	
	16	181a ~ 192a	복습+총괄 평가+놀이 학습	복습	

◆ 기탄한자 **B단계** 호별 학습 내용 및 부교재

집	호		학습 한자	학습 한자어	부교재
1집	1	1a ~ 12a	犬, 牛, 羊	충犬, 애犬/ 牛유, 牛마차/ 羊모, 백羊	한자 모형 놀이 한자 카드 한자어 카드
	2	13a ~ 24a	父, 母, 子	父母, 父子/ 母녀, 학부母/ 子녀, 여子	
	3	25a ~ 36a	生, 心, 身	生일, 선生/ 心신, 안心/ 身체, 身장	
	4	37a ~ 48a	복습+놀이 학습	복습	
2집	5	49a ~ 60a	車, 士, 己	車도, 자전車/ 군士, 박士/ 자己, 극己	한자 창열기 놀이 한자 카드 한자어 카드
	6	61a ~ 72a	自, 工, 門	自동차, 自연/ 목工, 工장/ 대門, 창門	
	7	73a ~ 84a	刀, 王, 白	단刀, 은장刀/ 王자, 국王/ 白지, 흑白	
	8	85a ~ 96a	복습+놀이 학습	복습	
3집	9	97a ~ 108a	魚, 貝, 鳥	인魚, 魚항/ 貝물, 貝총/ 백鳥, 길鳥	한자 파노라마 놀이 한자 카드 한자어 카드
	10	109a ~ 120a	主, 册, 雨	主인, 主객/ 册상, 공册/ 雨산, 雨의	
	11	121a ~ 132a	風, 里, 竹	風차, 강風/ 里장, 里정표/ 竹림, 竹도	
	12	133a ~ 144a	복습+놀이 학습	복습	
4집	13	145a ~ 156a	草, 花, 馬	약草, 草가/ 무궁花, 花원/ 경馬장, 馬부	한자 브로마이드 한자 카드
	14	157a ~ 168a	男, 女, 夕	男녀, 미男/ 소女, 선女/ 夕양, 추夕	
	15	169a ~ 180a	舌, 齒, 面	작舌차, 舌음/ 齒과, 충齒/ 가面, 수面	
	16	181a ~ 192a	복습+총괄 평가+놀이 학습	복습	

C·D단계 교재별 구성내용은 이렇습니다

◆ 기탄한자 **C단계** 호별 학습 내용 및 부교재

집	호		학습 한자	학습 한자어	부교재
1집	1	1a ~ 12a	文, 化, 言, 才	文인, 文신/ 化석, 문化/ 言어, 言론/ 다才, 천才	한자 맞추기 놀이 한자 카드 한자어 카드
	2	13a ~ 24a	兄, 弟, 交, 友	兄제, 학부兄/ 의형弟, 弟자/ 交통, 외交/ 交友, 전友	
	3	25a ~ 36a	多, 少, 血, 肉	多정, 多소/ 少녀, 노少/ 심血, 血육/ 肉식, 肉신	
	4	37a ~ 48a	복습+놀이 학습	복습	
2집	5	49a ~ 60a	出, 入, 内, 外	出구, 出생/ 入구, 출入/ 국内, 차内/ 外국, 内外	한자 병풍 놀이 한자 카드 한자어 카드
	6	61a ~ 72a	去, 來, 立, 坐	去래, 과去/ 來일, 미來/ 자立, 立동/ 정坐	
	7	73a ~ 84a	光, 明, 行, 步	光명, 풍光/ 문明, 明월/ 산行, 行진/ 步병, 步행	
	8	85a ~ 96a	복습+놀이 학습	복습	
3집	9	97a ~ 108a	天, 地, 江, 河	天사, 天국/ 천地, 地구/ 江산, 江촌/ 河천, 은河수	한자 주사위 놀이 한자 카드 한자어 카드
	10	109a ~ 120a	毛, 皮, 角, 蟲	毛피, 양毛/ 목皮, 皮혁/ 녹角, 직角/ 초蟲, 해蟲	
	11	121a ~ 132a	古, 今, 衣, 食	古목, 古서/ 고今, 今일/ 우衣, 하衣/ 외食, 초食	
	12	133a ~ 144a	복습+놀이 학습	복습	
4집	13	145a ~ 156a	君, 臣, 兵, 卒	君주, 君신/ 臣하, 충臣/ 兵사, 兵력/ 卒병, 卒업	한자 브로마이드 한자 카드
	14	157a ~ 168a	方, 向, 左, 右	지方, 方향/ 풍向, 남向/ 左우, 左향左/ 右회전, 좌右명	
	15	169a ~ 180a	本, 末, 分, 合	근本, 本인/ 末일, 본末/ 分교, 分수/ 合창, 合심	
	16	181a ~ 192a	복습+총괄 평가+놀이 학습	복습	

◆ 기탄한자 **D단계** 호별 학습 내용 및 부교재

집	호		학습 한자	학습 한자어	부교재
1집	1	1a ~ 12a	靑, 赤, 音, 色	靑산, 靑년/ 赤색, 赤십자/ 音악, 音색/ 백色, 色지	한자 맞추기 놀이 한자 카드 한자어 카드
	2	13a ~ 24a	住, 所, 姓, 名	의식住, 住택/ 所감, 장所/ 姓명, 백姓/ 名작, 지名	
	3	25a ~ 36a	利, 用, 有, 無	利용, 예利/ 공用, 식用/ 有명, 소有/ 無인도, 無례	
	4	37a ~ 48a	복습+놀이 학습	복습	
2집	5	49a ~ 60a	公, 平, 意, 思	公공, 公무원/ 平화, 平야/ 意견, 동意/ 思고, 思상	한자 병풍 놀이 한자 카드 한자어 카드
	6	61a ~ 72a	老, 弱, 貧, 富	老인, 원老/ 弱세, 노弱/ 貧약, 貧혈/ 富귀, 富자	
	7	73a ~ 84a	正, 直, 忠, 孝	正직, 正답/ 直선, 直각/ 忠성, 忠언/ 孝도, 孝녀	
	8	85a ~ 96a	복습+놀이 학습	복습	
3집	9	97a ~ 108a	前, 後, 走, 止	역前, 오前/ 오後, 식後/ 활走로, 경走/ 止혈, 금止	한자 주사위 놀이 한자 카드 한자어 카드
	10	109a ~ 120a	法, 道, 完, 全	法률, 法원/ 道로, 道덕/ 完승, 完성/ 全국, 안全	
	11	121a ~ 132a	善, 惡, 長, 短	善악, 善행/ 惡마, 惡몽/ 長검, 사長/ 장短, 短명	
	12	133a ~ 144a	복습+놀이 학습	복습	
4집	13	145a ~ 156a	世, 界, 國, 家	世계, 출世/ 외界, 정界/ 國왕, 國어/ 家족, 작家	한자 브로마이드 한자 카드
	14	157a ~ 168a	東, 西, 見, 聞	東서남북, 東해/ 西구, 西부/ 발見, 見학/ 신聞, 풍聞	
	15	169a ~ 180a	南, 北, 兒, 童	南극, 南대문/ 北극, 北상/ 유兒, 兒동/ 목童, 童화	
	16	181a ~ 192a	복습+총괄 평가+놀이 학습	복습	

구성내용

E단계 교재별 구성내용은 이렇습니다

◆ 기탄교과서한자 E단계 호별 학습 내용 및 부교재

집	호		학습 한자	학습 한자어		심화 영역		부교재
1집	1	1a~16a	寸京品市	寸: 四寸, 外三寸, 四寸間 品: 食品, 用品, 作品	京: 上京, 京畿道, 京仁線 市: 市內, 市場, 市立	창작동화	소중한 지폐 한 장 1	한자 카드 쓰기보따리 형성평가
						고사성어	水魚之交	
						시	사랑스런 추억 - 윤동주	
	2	17a~32a	巨具各曲	巨: 巨人, 巨大, 巨木 各: 各各, 各自, 各國	具: 家具, 道具, 用具 曲: 作曲, 曲線, 行進曲	창작동화	소중한 지폐 한 장 2	
						고사성어	他山之石	
						시	봄 - 빅토르 위고	
	3	33a~48a	可由原因	可: 可能, 可決, 不可能 原: 原子力, 原因, 草原	由: 自由, 由來, 理由 因: 原因, 因果, 要因	창작동화	슬기로운 재판 1	
						고사성어	見物生心	
						시	절정 - 이육사	
	4	49a~64a	복습	복습		창작동화	슬기로운 재판 2	
						고사성어	漁夫之利	
						시	동방의 등불 - 타고르	
2집	5	65a~80a	同求失反	同: 同生, 同行, 合同 失: 失手, 失明, 失言	求: 求心力, 要求, 求人 反: 反面, 反省, 反共	창작동화	닭이 사람과 함께 살게 된 이유 1	한자 카드 쓰기보따리 형성평가
						고사성어	五十步百步	
						시	접동새 - 김소월	
	6	81a~96a	告共首民	告: 忠告, 原告, 告白 首: 自首, 首弟子, 首相	共: 共同, 公共, 共生 民: 市民, 國民, 民心	창작동화	닭이 사람과 함께 살게 된 이유 2	
						고사성어	登龍門	
						시	눈 내린 아침 - 이인로	
	7	97a~112a	元先年回	元: 元日, 元金, 元來 年: 少年, 靑年, 一年	先: 先生, 先山, 先王 回: 一回用品, 河回, 回轉	창작동화	쇠를 먹는 쥐 1	
						고사성어	馬耳東風	
						시	눈 오는 저녁 - 김소월	
	8	113a~128a	복습	복습		창작동화	쇠를 먹는 쥐 2	
						고사성어	白眉	
						시	만돌이 - 윤동주	
3집	9	129a~144a	不非未必	不: 不足, 不公平, 不平 未: 未安, 未來, 未完成	非: 非行, 是非, 非常口 必: 必要, 生必品, 不必要	창작동화	세 친구 1	한자 카드 쓰기보따리 형성평가
						고사성어	多多益善	
						시	삶이 그대를 속일지라도 - 푸슈킨	
	10	145a~160a	知加字幸	知: 知人, 知己, 告知 字: 文字, 數字, 十字	加: 加入, 加味, 加工 幸: 多幸, 不幸, 幸福	창작동화	세 친구 2	
						고사성어	聞一知十	
						시	집 - 김영랑	
	11	161a~176a	表形味香	表: 表面, 表情, 表明 味: 意味, 風味, 口味	形: 人形, 三角形, 地形 香: 香水, 香氣, 香	창작동화	꿀강아지 1	
						고사성어	知音	
						시	올벼 고개 숙이고 - 이현보	
	12	177a~192a	복습	복습		창작동화	꿀강아지 2	
						고사성어	竹馬故友	
						시	행복 - 한용운	
4집	13	193a~208a	星軍相和	星: 行星, 天王星, 北斗七星 相: 首相, 人相, 色相	軍: 軍人, 國軍, 軍士 和: 平和, 和音, 共和國	창작동화	흰 코끼리의 전설	한자 카드 쓰기보따리 형성평가
						고사성어	千里眼	
						시	나그네의 밤 노래 - 괴테	
	14	209a~224a	單別命祖	單: 單元, 名單, 食單 命: 生命, 人命, 命令	別: 別名, 別世, 分別 祖: 先祖, 祖上, 祖父母	창작동화	뱀이 기어 다니게 된 이유 1	
						고사성어	朝三暮四	
						시	말 없는 청산이오 - 성혼	
	15	225a~240a	居章異再	居: 住居, 居室, 同居 異: 異常, 異意, 大同小異	章: 文章, 圖章, 樂章 再: 再生, 再活用, 再三	창작동화	뱀이 기어 다니게 된 이유 2	
						고사성어	一擧兩得	
						시	〈사랑〉을 사랑하여요 - 한용운	
	16	241a~256a	복습	복습		창작동화	뱀이 기어 다니게 된 이유 3	
						고사성어	溫故知新	
						시	삶의 아침인사 - 애너 리티셔 바볼드	

F단계 교재별 구성내용은 이렇습니다

◆ 기탄교과서한자 F단계 호별 학습 내용 및 부교재

집	호	학습 한자	학습 한자어		심화 영역		부교재
1집	1	1a~16a	仁仙信休	仁 : 仁川, 仁祖, 仁君 信 : 信用, 自信, 信念 仙 : 仙女, 水仙花, 仙人 休 : 公休日, 休火山, 休息	창작동화	달밤에 얻은 행운 1	한자 카드 쓰기보따리 형성평가
					고사성어	天高馬肥	
					전래동화	빨간부채 파란부채	
	2	17a~32a	安宅官容	安 : 未安, 安心, 安全 官 : 法官, 官家, 外交官 宅 : 住宅, 自宅, 宅地 容 : 容恕, 内容, 美容	창작동화	달밤에 얻은 행운 2	
					고사성어	大器晩成	
					전래동화	사만년을 산 사람	
	3	33a~48a	海洋漁洗	海 : 地中海, 東海, 海外 漁 : 漁夫, 漁村, 出漁 洋 : 東洋, 西洋, 海洋 洗 : 洗手, 洗車, 洗面	창작동화	백일홍이야기 1	
					고사성어	孟母三遷	
					전래동화	소금을 만드는 맷돌	
	4	49a~64a	복습	복습	창작동화	백일홍이야기 2	
					고사성어	蛇足	
					전래동화	우렁각시	
2집	5	65a~80a	他位俗保	他 : 他人, 他地, 自他 俗 : 民俗, 風俗, 世俗 位 : 方位, 品位, 單位 保 : 保全, 安保, 保有	창작동화	꾀 많은 장님 1	한자 카드 쓰기보따리 형성평가
					고사성어	梁上君子	
					전래동화	꼭두각시와 목도령	
	6	81a~96a	守室客定	守 : 守則, 保守, 守兵 客 : 主客, 客室, 客地 室 : 室内, 居室, 王室 定 : 一定, 決定, 安定	창작동화	꾀 많은 장님 2	
					고사성어	良藥苦於口	
					전래동화	잊으라 한 건 안 잊고	
	7	97a~112a	林村材校	林 : 山林, 國有林, 竹林 材 : 木材, 石材, 人材	村 : 山村, 漁村, 民俗村 校 : 下校, 校長, 校門	창작동화	바보 영웅 이야기 1	
					고사성어	座右銘	
					전래동화	반쪽이	
	8	113a~128a	복습	복습	창작동화	바보 영웅 이야기 2	
					고사성어	矛盾	
					전래동화	고양이와 푸른 구슬	
3집	9	129a~144a	決洞注流	決 : 決定, 決心, 可決 注 : 注文, 注意, 注目 洞 : 洞口, 洞長, 仁寺洞 流 : 上流, 交流, 流行	창작동화	괴물 잡은 이발사	한자 카드 쓰기보따리 형성평가
					고사성어	同床異夢	
					전래동화	임자가 따로 있는 요술 궤짝	
	10	145a~160a	便作使代	便 : 便利, 便安, 大便 使 : 使用, 天使, 使臣 作 : 作心三日, 作用, 作品 代 : 古代, 代表, 代身	창작동화	수수께끼 하나	
					고사성어	結草報恩	
					전래동화	배나무골 이도령	
	11	161a~176a	念志感想	念 : 信念, 記念, 一念 感 : 共感, 自信感, 所感 志 : 意志, 同志, 志士 想 : 回想, 思想, 感想	창작동화	행운을 찾아다니는 사나이 1	
					고사성어	井中之蛙	
					전래동화	하늘 나라 밭 구경	
	12	177a~192a	복습	복습	창작동화	행운을 찾아다니는 사나이 2	
					고사성어	近墨者黑	
					전래동화	솜뭉치 꼬리가 된 토끼	
4집	13	193a~208a	計記語詩	計 : 時計, 合計, 生計 語 : 用語, 國語, 言語 記 : 日記, 記入, 記念 詩 : 童詩, 詩人, 三行詩	창작동화	그림자 없는 탑 1	한자 카드 쓰기보따리 형성평가
					고사성어	有備無患	
					전래동화	은혜 갚은 까치	
	14	209a~224a	情性進造	情 : 人情, 友情, 心情 進 : 行進, 進出, 先進國 性 : 性品, 性情, 女性 造 : 造成, 造形, 人造	창작동화	그림자 없는 탑 2	
					고사성어	走馬看山	
					전래동화	두 개가 된 금덩이	
	15	225a~240a	始好雲雪	始 : 始作, 元始, 始祖 雲 : 星雲, 白雲, 靑雲 好 : 同好人, 好意, 好感 雪 : 白雪, 雪景, 雪山	창작동화	그림자 없는 탑 3	
					고사성어	螢雪之功	
					전래동화	구렁이 신랑	
	16	241a~256a	복습	복습	창작동화	그림자 없는 탑 4	
					고사성어	苦盡甘來	
					전래동화	바리공주	

구성내용

G단계 교재별 구성내용은 이렇습니다

◆ 기탄교과서한자 G단계 호별 학습 내용 및 부교재

집	호		학습 한자	학습 한자어	심화 영역		부교재
1집	1	1a~16a	果實夫婦美	果:成果, 果實, 靑果, 無花果 實:行實, 實力, 實生活, 口實 夫:工夫, 夫子, 夫人, 漁夫 婦:主婦, 夫婦, 婦人, 婦女子 美:美化員, 美國人, 美人, 美化	인물	마크 트웨인	한자 카드 쓰기보따리 형성평가
					창작동화	소가 골라준 새 신랑 1	
					고사성어	改過遷善	
					기사문	돈 더 버는 아내 집안일 더 한다	
	2	17a~32a	重要活動得	重:重要, 所重, 貴重, 重大 要:必要, 主要, 要求, 要所 活:活用, 生活, 活字, 活力 動:活動, 行動, 動力, 動作 得:所得, 利得, 得失	인물	어네스트 톰슨 시튼	
					창작동화	소가 골라준 새 신랑 2	
					고사성어	錦衣還鄕	
					기사문	컬러식품 좋아좋아	
	3	33a~48a	夜景成功者	夜:夜食, 白夜, 夜光, 夜行 景:風景, 光景, 山景, 雪景 成:成長, 作成, 合成, 完成 功:成功, 功臣, 年功, 功力 者:記者, 富者, 步行者, 老弱者	인물	에디슨	
					창작동화	소가 골라준 새 신랑 3	
					고사성어	管鮑之交	
					기사문	日 간사이 5색 체험관광	
	4	49a~64a	복습	복습	인물	퀴리부인	
					창작동화	소가 골라준 새 신랑 4	
					고사성어	刻舟求劍	
					기사문	재교육기관 노크 해보자	
2집	5	65a~80a	時間空氣集	時:日時, 時代, 同時, 時計 間:人間, 山間, 時間, 中間 空:空中, 空間, 空冊, 空想 氣:空氣, 香氣, 日氣, 大氣 集:文集, 集中, 詩集, 集合	인물	장영실	한자 카드 쓰기보따리 형성평가
					창작동화	거짓말 시합 1	
					고사성어	刮目相對	
					기사문	귀성길 차 안에서 게임 한판	
	6	81a~96a	現在協商事	現:表現, 現金, 現地, 出現 在:現在, 所在, 在京, 在來 協:協同, 協力, 協心, 協定 商:商人, 商品, 商去來, 協商 事:人事, 行事, 工事, 記事	인물	록펠러	
					창작동화	거짓말 시합 2	
					고사성어	吳越同舟	
					기사문	폴크스바겐 노·사 대협상	
	7	97a~112a	社會技能部	社:社長, 會社, 社交, 入社 會:大會, 社會, 面會, 立會 技:長技, 技法, 技術, 技能 能:技能, 能力, 可能, 才能 部:部分, 一部分, 外部, 一部	인물	콜럼버스	
					창작동화	말 잘 듣는 효자 1	
					고사성어	羊頭狗肉	
					기사문	국가중대사 국민합의가 필요	
	8	113a~128a	복습	복습	인물	앙리 뒤낭	
					창작동화	말 잘 듣는 효자 2	
					고사성어	完璧	
					기사문	시동 걸면 주행정보 쫙~	
3집	9	129a~144a	問答登場省	問:問安, 問題, 反問 答:問答, 答信, 正答, 回答 登:登山, 登校, 登用 場:市場, 工場, 入場, 場面 省:反省, 自省, 省墓	인물	리스트	한자 카드 쓰기보따리 형성평가
					창작동화	냄새 맡은 값 1	
					고사성어	指鹿爲馬	
					기사문	침체의 잠에 취한 라인강의 기적	
	10	145a~160a	春夏秋冬溫	春:春川, 春香, 立春, 靑春 夏:立夏, 春夏, 夏至 秋:秋夕, 秋風, 春秋 冬:冬至, 立冬, 春夏秋冬 溫:氣溫, 溫室, 溫水	인물	김홍도	
					창작동화	냄새 맡은 값 2	
					고사성어	塞翁之馬	
					기사문	스키장 잘 넘어져야 안 다친다	
	11	161a~176a	貴愛病死敬	貴:貴重, 高貴, 富貴, 貴人 愛:友愛, 愛國, 愛人, 愛犬 病:問病, 白血病, 病室, 病名 死:生死, 死亡者, 不死身, 病死 敬:恭敬, 敬老, 敬老席, 敬語	인물	안중근	
					창작동화	아버지의 유서 1	
					고사성어	難兄難弟	
					기사문	은행나무 천국 부석사 가는길	
	12	177a~192a	복습	복습	인물	황희	
					창작동화	아버지의 유서 2	
					고사성어	四面楚歌	
					기사문	서울과 워싱턴 마음을 열 때다	
4집	13	193a~208a	物件發電書	物:古物, 文物, 人物 件:物件, 事件, 用件 發:發生, 出發, 發明, 發見 電:電力, 電子, 電車, 電氣 書:文書, 古書, 書名	인물	벤자민 프랭클린	한자 카드 쓰기보따리 형성평가
					창작동화	선행과 쾌락 1	
					고사성어	三顧草廬	
					기사문	대한민국은 배달천국	
	14	209a~224a	高低苦樂朝	高:高音, 高溫, 高貴, 高見 低:低溫, 低下, 低利, 低學年 苦:苦生, 苦心, 苦行 樂:音樂, 安樂, 樂山 朝:王朝, 朝夕, 朝會	인물	루소	
					창작동화	선행과 쾌락 2	
					고사성어	脣亡齒寒	
					기사문	중소기업 그곳에도 길이 있다	
	15	225a~240a	眞理學習賞	眞:眞情, 眞空, 眞心 理:心理, 原理, 眞理, 一理 學:學年, 學生, 入學, 見學 習:學習, 風習, 自習 賞:賞品, 孝行賞, 大賞, 賞金	인물	전봉준	
					창작동화	아가씨와 우유 1	
					고사성어	守株待兎	
					기사문	들리지! 눈 쌓은 숲 생명의 소리	
	16	241a~256a	복습	복습	인물	뢴트겐	
					창작동화	아가씨와 우유 2	
					고사성어	臥薪嘗膽	
					기사문	물건값 계산 … 약도 그리기 …	

학부모 여러분, 〈기탄한자〉는 이렇게 지도해 주세요

1. 학습자의 능력보다 낮은 단계에서 시작하세요.
기탄한자 A~G단계는 기초 한자부터 초등학교 교과서에 쓰인 한자어를 학습하는 프로그램입니다. 한글을 아는 유아에서부터 한자 학습의 경험이 있는 초등학교 6학년 학생을 대상으로 개발되었습니다. 그러나 한자 학습의 경험이 있는 아이라도, 학습자의 경험이나 능력보다 낮은 단계에서 시작하는 것이 바람직합니다. 특히 각 단계의 1집부터 순차적으로 학습해 나가는 것은 매우 중요합니다. 간혹 학부모님의 판단에 따라 단계의 생략은 가능하지만 2, 3집부터 시작하는 것은 옳지 않은 진도 진행입니다. 아이가 학습에 부담을 느끼지 않고 한자 공부는 쉽고 재미있다는 느낌을 가질 수 있도록 A단계 1집에서부터 시작하는 것이 가장 이상적인 출발점입니다.

2. 복습호는 반드시 부모님이 함께 해 주세요.
각 집(권)마다 앞서 배운 한자의 복습호가 구성되어 있습니다. 복습호에서는 항상 형성평가를 실시하여 학습 수용도를 점검합니다. 이 때 부모님이 반드시 채점을 해 주시고, 결과에 따라 적절한 칭찬과 동기유발이 필요합니다. 또 복습주마다 구성된 놀잇감(A~D단계)으로 아이와 함께 놀아 주세요.

3. 교재 구입 즉시 분책하여 사용하세요.
〈기탄한자〉는 구입 즉시 분책하여 사용할 수 있도록 매주 학습할 분량이 별도의 책으로 특수제본(4in1시스템)되어 있습니다. 보통 책은 1번 제본하는 것으로 끝나지만 〈기탄한자〉는 무려 5번의 제본 과정을 거쳐 제작되었습니다. 각 호가 끝날 때마다 새 책으로 공부하게 되므로 아이에게 성취감과 기대감을 갖게 하고 학습 효과도 극대화시켜 줍니다.

4. 매일 일정한 시간에 규칙적으로 학습하게 하세요.
하루 5~10분을 학습하더라도 규칙적으로 학습하는 것이 중요합니다. 1호 분량이 1주일(5일) 학습 분량이므로 한 번에 억지로 하지 않게 하고, 반대로 너무 많은 양을 한꺼번에 하는 것도 좋지 않습니다. 어렸을 때부터 조금씩 매일매일 공부하는 습관을 길러 주도록 합니다.

5. 부모님이 직접 지도해 주세요.
〈기탄한자〉는 교사 방문 학습지와는 달리 아이 스스로 공부하고 부모님이 체크하는 자율적인 학습 모델을 채택하고 있습니다. 따라서 타 학습지 회사에서는 지도교사에게만 제공하는 지도 지침을 해당 호에 상세히 실었습니다. 각 호의 첫 장에 실린 '이렇게 도와주세요', '이번 주 학습포인트'에서는 한 주 동안의 지도 요점이 기재되어 있고, 각 페이지의 하단에도 지도 요점, 주의 사항 등을 기재하였습니다. 학부모님들이 〈기탄한자〉의 기획의도, 학습목표, 지도방법 등을 쉽게 이해하고 아이들에게 가르치기 편하도록 최대한 배려하였습니다.

6. 이미 익힌 한자는 아이가 실생활 속에서 활용하게 하세요.
아이가 이미 익힌 한자는 실생활 속에서 최대한 많은 사용 기회를 갖게 해 줍니다. 알았던 한자도 오랫동안 사용하지 않으면 잊혀지게 됩니다. 학습된 한자를 신문, 책, 대중매체, 인쇄물 등을 활용하여 확인하게 하고 글을 쓸 때 알고 있는 한자로 표현해 볼 기회를 자주 갖도록 합니다.

단계별 학습 한자와 한자능력검정시험 급수 배정 안내

단계	학습 한자	급수 응시 가이드
A단계	• 8급 : 山, 日, 月, 火, 水, 木, 金, 土, 一, 二, 三, 四, 五, 六, 七, 八, 九, 十, 人, 大, 小, 中 • 7급 : 川, 百, 千, 口, 手, 足, 力, 上, 下 • 6급·6급II : 目, 石 • 5급 : 耳 • 4급II : 田, 玉	A단계에서는 상형자, 지사자 중심의 기초한자 36자를 익혔습니다. 이는 한자능력검정시험 배정한자 중 **8급, 7급 배정한자 31자**와 **상위급수 한자 5자**가 포함됩니다. 학습자의 학년, 나이, 학습수용도에 따라 8급, 7급 이내에서 응시용 수험서(기탄급수한자 빨리따기)로 준비한 후 자격증 취득에 도전해 보세요.
B단계	• 8급 : 父, 母, 生, 門, 王, 白, 女 • 7급 : 子, 心, 車, 自, 工, 主, 里, 草, 花, 男, 夕, 面 • 6급·6급II : 身, 風 • 5급 : 牛, 士, 己, 魚, 雨, 馬 • 4급II : 羊, 鳥, 竹, 齒 • 4급 : 犬, 册, 舌 • 3급II : 刀 • 3급 : 貝	B단계에서는 상형자, 지사자 중심의 기초한자 36자를 익혔습니다. 이는 A단계 학습 한자부터 누적하면 한자능력검정시험 배정한자 중 **8급, 7급 배정한자 50자**와 **상위급수 한자 22자**가 포함됩니다. 학습자의 학년, 나이, 학습수용도에 따라 8급, 7급 이내에서 응시용 수험서(기탄급수한자 빨리따기)로 준비한 후 자격증 취득에 도전해 보세요.
C단계	• 8급 : 兄, 弟, 外 • 7급 : 文, 少, 出, 入, 內, 來, 立, 天, 地, 江, 食, 方, 左, 右 • 6급·6급II : 言, 才, 交, 多, 光, 明, 行, 角, 古, 今, 衣, 向, 本, 分, 合 • 5급 : 化, 友, 去, 河, 臣, 兵, 卒, 末 • 4급II : 血, 肉, 步, 毛, 蟲 • 4급 : 君 • 3급II : 坐, 皮	C단계에서는 형성자, 회의자를 중심으로 48자의 기초한자를 익혔습니다. 이는 A단계 학습 한자부터 누적하면 한자능력검정시험 배정한자 중 **7급 배정한자 67자, 6급·6급II 배정한자 86자**와 **상위급수 한자 34자**를 익혔습니다. 학습자의 학년, 나이, 학습수용도에 따라 7급, 6급·6급II 이내에서 응시용 수험서(기탄급수한자 빨리따기)로 준비한 후 자격증 취득에 도전해 보세요.
D단계	• 8급 : 靑, 長, 國, 東, 西, 南, 北 • 7급 : 色, 住, 所, 姓, 名, 有, 平, 老, 正, 直, 孝, 前, 後, 道, 全, 世, 家 • 6급·6급II : 音, 利, 用, 公, 意, 弱, 短, 界, 聞, 童 • 5급 : 赤, 無, 思, 止, 法, 完, 善, 惡, 見, 兒 • 4급II : 貧, 富, 忠, 走	D단계에서는 형성자, 회의자를 중심으로 48자의 기초한자를 익혔습니다. 이는 A단계 학습 한자부터 누적하면 한자능력검정시험 배정한자 중 **7급 배정한자 91자, 6급·6급II 배정한자 120자**와 **상위급수 한자 48자**를 익혔습니다. 학습자의 학년, 나이, 학습수용도에 따라 7급, 6급·6급II 이내에서 응시용 수험서(기탄급수한자 빨리따기)로 준비한 후 자격증 취득에 도전해 보세요.
E단계	• 8급 : 寸, 民, 先, 年, 軍 • 7급 : 市, 同, 不, 字, 命, 祖 • 6급·6급II : 京, 各, 由, 失, 反, 共, 幸, 表, 形, 和, 別, 章 • 5급 : 品, 具, 曲, 可, 原, 因, 告, 首, 元, 必, 知, 加, 相, 再 • 4급II : 求, 回, 非, 未, 味, 香, 星, 單 • 4급 : 巨, 居, 異	E단계에서는 형성자, 회의자를 중심으로 48자의 필수한자를 익혔습니다. 이는 A단계 학습 한자부터 누적하면 한자능력검정시험 배정한자 중 **7급 배정한자 102자, 6급·6급II 배정한자 143자**와 **상위급수 한자 73자**를 익혔습니다. 학습자의 학년, 나이, 학습수용도에 따라 6급·6급II, 5급 이내에서 응시용 수험서(기탄급수한자 빨리따기)로 준비한 후 자격증 취득에 도전해 보세요.
F단계	• 8급 : 室, 校 • 7급 : 休, 安, 海, 林, 村, 洞, 便, 記, 語 • 6급·6급II : 信, 洋, 定, 注, 作, 使, 代, 感, 計, 始, 雪 • 5급 : 仙, 宅, 漁, 洗, 他, 位, 客, 材, 決, 流, 念, 情, 性, 雲 • 4급II : 官, 容, 俗, 保, 守, 志, 想, 詩, 進, 造, 好 • 4급 : 仁	F단계에서는 형성자, 회의자를 중심으로 48자의 필수한자를 익혔습니다. 이는 A단계 학습 한자부터 누적하면 한자능력검정시험 배정한자 중 **7급 배정한자 113자, 6급·6급II 배정한자 165자**와 **상위급수 한자 99자**를 익혔습니다. 학습자의 학년, 나이, 학습수용도에 따라 6급·6급II, 5급 이내에서 응시용 수험서(기탄급수한자 빨리따기)로 준비한 후 자격증 취득에 도전해 보세요.
G단계	• 8급 : 學 • 7급 : 夫, 重, 活, 動, 時, 間, 空, 氣, 事, 問, 答, 登, 場, 春, 夏, 秋, 冬, 物, 電 • 6급·6급II : 果, 美, 夜, 成, 功, 者, 集, 現, 在, 社, 會, 部, 省, 溫, 愛, 病, 死, 發, 書, 高, 苦, 樂, 朝, 理, 習 • 5급 : 實, 要, 景, 商, 技, 能, 貴, 敬, 件, 賞 • 4급II : 婦, 得, 協, 低, 眞	G단계에서는 형성자, 회의자를 중심으로 60자의 필수한자를 익혔습니다. 이는 A단계 학습 한자부터 누적하면 한자능력검정시험 배정한자 중 **7급 배정한자 133자, 6급·6급II 배정한자 210자**와 **상위급수 한자 114자**를 익혔습니다. 학습자의 학년, 나이, 학습수용도에 따라 6급·6급II, 5급 이내에서 응시용 수험서(기탄급수한자 빨리따기)로 준비한 후 자격증 취득에 도전해 보세요.

※ 이 표는 기탄한자 학습 후 한자능력검정시험 자격증 취득의 연계를 위한 지침입니다. 학습자의 학습경험이나 상태에 따라 개별적인 지침이 달라질 수 있습니다.

9호

기탄한자 C단계 3집 **97a~108a**

4 in 1 시스템

기탄한자는 학습효과를 극대화하기 위해 매주 학습할 분량이 별도의 책으로 특수제본되어 있습니다.

본 교재는 1권의 책 속에 1주일 학습할 분량의 교재 4권이 들어 있는 4 in 1 시스템으로 제본되어 있습니다. 따라서 4권의 책으로 분리되는 것이 정상적인 제본이며, 호별로 빼내어 학습하시면 아주 효과적입니다.

그림으로 익히고 놀이로 기억하는 입체 한자 학습 프로그램

기탄®한자

C3집
9호
97a-108a

공부한 날 월   일 ~   월   일
(원)교   반
이름   전화

www.gitan.co.kr

 # C단계에서 배울 한자입니다.

	C단계						
1집	文, 化, 言, 才	2집	出, 入, 内, 外	3집	天, 地, 江, 河	4집	君, 臣, 兵, 卒
	兄, 弟, 交, 友		去, 來, 立, 坐		毛, 皮, 角, 蟲		方, 向, 左, 右
	多, 少, 血, 肉		光, 明, 行, 步		古, 今, 衣, 食		本, 末, 分, 合
	복습		복습		복습		복습

※ 매주마다 학습한 한자를 누적하여 읽어 보세요.

학습진단 관리표

	훈음 읽기	훈음 쓰기	한자 쓰기	한자어 읽기	이번 주는?			
금주평가	Ⓐ아주 잘함	Ⓐ아주 잘함	Ⓐ아주 잘함	Ⓐ아주 잘함	●학습방법	❶매일매일	❷가끔	❸한꺼번에 하였습니다.
	Ⓑ잘함	Ⓑ잘함	Ⓑ잘함	Ⓑ잘함	●학습태도	❶스스로 잘	❷시켜서 억지로 하였습니다.	
	Ⓒ보통	Ⓒ보통	Ⓒ보통	Ⓒ보통	●학습흥미	❶재미있게	❷싫증내며 하였습니다.	
	Ⓓ노력해야 함	Ⓓ노력해야 함	Ⓓ노력해야 함	Ⓓ노력해야 함	●교재내용	❶적합하다고	❷어렵다고	❸쉽다고 하였습니다.

지도 교사가 부모님께   부모님이 지도 교사께

종합평가	Ⓐ아주 잘함	Ⓑ잘함	Ⓒ보통	Ⓓ노력해야 함

C3집
97a-108a

이번 주에는 天(하늘 천), 地(땅 지), 江(강 강), 河(물 하)를 배워요.

이렇게 도와주세요

1 일차 97a~98b	• 지난 호에서 학습한 光, 明, 行, 步를 복습합니다. • 동화를 읽고 天, 地, 江, 河의 뜻을 이야기해 봅니다. • 한자 카드나 받아쓰기로 앞서 배운 한자를 복습합니다.
2 일차 99a~100b	• 天, 地의 뜻, 소리, 자원, 필순, 한자어를 학습합니다. • 天은 모양이 비슷한 夫(남편 부)와 구별하도록 합니다. • 天과 地는 서로 상대되는 뜻을 가진 한자입니다.
3 일차 101a~102b	• 江, 河의 뜻, 소리, 자원, 필순, 한자어를 학습합니다. • 氵(삼수 변)은 水가 변한 모양이고 氵이 쓰이면 물과 관련된 뜻이 됨을 지도합니다.
4 일차 103a~105b	• 天과 地는 상대적 의미를 지닌 한자입니다. • 江과 河는 비슷한 뜻을 지닌 한자입니다.
5 일차 106a~108a	• 풀어보기를 통해 이번 주 학습한 天, 地, 江, 河를 정리합니다. • 한자 보따리를 읽고 자전을 이용하여 모르는 한자를 직접 찾아보게 합니다.

다시 보기

선을 따라 접은 후 이루어지는 한자의 뜻과 소리를 쓰세요.

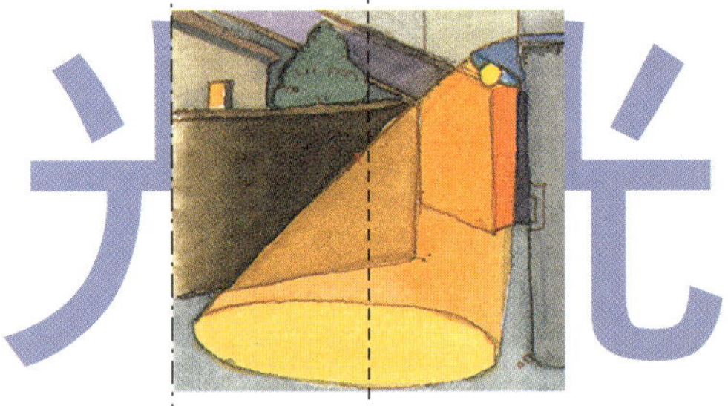

光 — 뜻: 빛   소리: 광

明 — 뜻: 소리:

行 — 뜻: 소리:

立 — 뜻: 소리:

밖으로 접는 선   안으로 접는 선

빈 곳에 스티커를 붙이고 빈 칸에 알맞게 쓰세요.

光	光	
빛 광	빛 광	

밝을 명		

다닐/항렬 행/항		

걸을 보		

明　　光　　行　　步

• 지난 주에 익힌 光, 明, 行, 步의 뜻, 소리, 모양을 복습합니다.

들어가기

 동화를 읽고 같은 모양의 한자를 찾아 스티커를 붙이세요.

단군 이야기

아득한 옛날 하늘(天)나라의 임금이 땅(地)을 내려다보며 생각했어요.
'저 아래는 산도 좋고 물(河)도 맑아서 살기 좋으니 나라를 만들어야겠어.
내 아들 환웅을 내려보내야겠다.' 얼마 후 환웅은 인간 세상으로 내려왔어요.
환웅은 신단수에 내려와 백성들을 잘 다스리고 가르쳤어요.

• 동화를 읽고 같은 모양의 한자를 찾아 스티커를 붙이도록 합니다.

그 무렵, 곰 한 마리와 호랑이 한 마리가 환웅을 찾아와
사람으로 태어나게 해 달라 말했어요.
환웅은 호랑이와 곰에게 쑥 한 줌과 마늘 스무 쪽씩을 주며 말했어요.
"너희들은 이 굴에서 백 일 동안 쑥과 마늘만 먹고 살아라."
스무 하루가 되던 날, 호랑이는 답답함을 견디지 못하고 굴을 뛰쳐나갔어요.
그러나 곰은 백 일 동안 괴로움을 잘 견뎌내어 어여쁜 여자가 되었어요.
환웅은 이 웅녀를 아내로 맞이하여 아들을 낳았어요.
이 분이 바로 우리나라를 처음 세우신 단군 왕검이에요.
단군 왕검은 대동강(江) 주변에 '고조선'이라는 나라를 세웠어요.

● 한자의 뜻, 소리를 소리내어 읽어봅니다.

天 알아보기

🔊 빈 곳에 알맞은 스티커를 붙이고 한자의 뜻과 소리를 읽어 보세요.

뜻: 하늘   소리: 천

📒 天이 만들어진 유래를 알아보고 한자 스티커를 붙이세요.

사람의 머리 꼭대기라는 뜻에서 하늘이란 뜻을 나타낸 한자입니다.

✏️ 순서대로 써 보세요.

✏️ 天의 뜻, 소리, 모양을 쓰세요.

- 天은 _____하늘_____ 을 뜻합니다.
- 天은 _____천_____ 이라고 읽습니다.
- 하늘 천은 _____天_____ 이라고 씁니다.

✏️ 빈 칸에 天을 쓰고, 天이 쓰인 한자어를 익혀 보세요.

天 사 : 하느님의 사자

天 국 : 천상에 있다는 이상적인 세계

✏️ 필순에 맞게 天을 써 보세요.

大부수 - 총 4획

一 二 チ 天

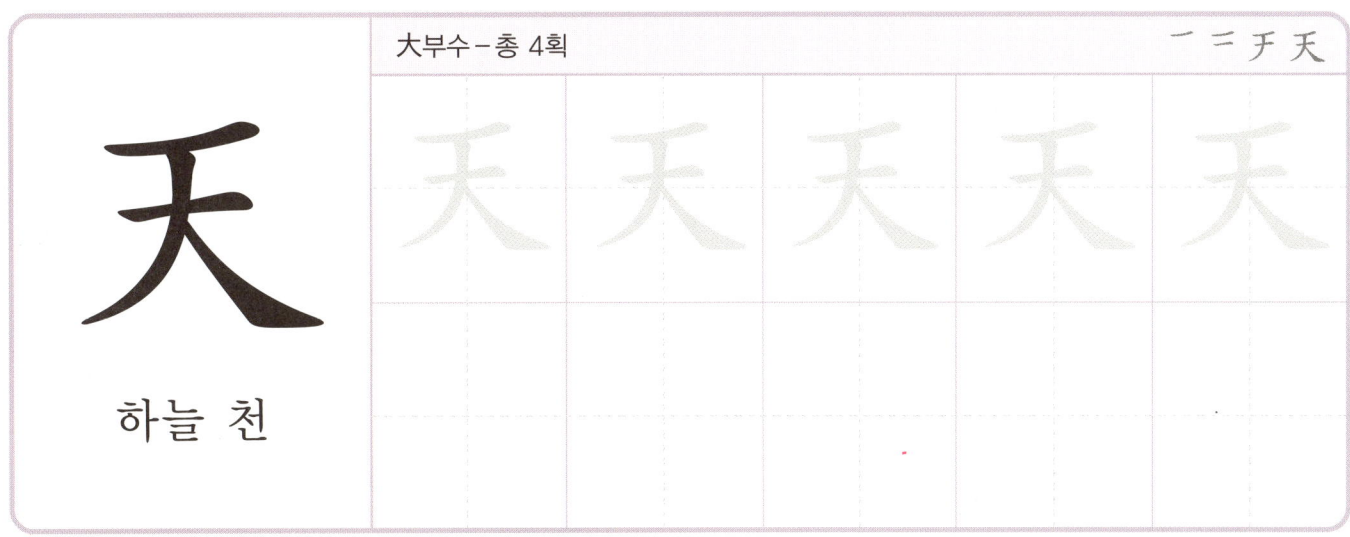

天
하늘 천

● 天과 大(큰 대), 夫(남편 부)는 서로 모양이 비슷하므로 확실히 구별하도록 합니다.

地 알아보기

🔊 빈 곳에 알맞은 스티커를 붙이고 한자의 뜻과 소리를 읽어 보세요.

뜻: 땅 소리: 지

📝 地가 만들어진 유래를 알아보고 한자 스티커를 붙이세요.

土(흙 토)와 也(어조사 야)가 합하여진 한자로, 也는 뱀의 모양을 본떠 만들었습니다. 큰 뱀이 땅에서 꿈틀거린다는 데서 땅을 뜻합니다.

✏️ 순서대로 써 보세요.

• 地는 土와 也의 결합임을 설명합니다. 天(하늘 천)과 地는 서로 상대되는 뜻을 가진 한자입니다.

🖉 地의 뜻, 소리, 모양을 쓰세요.

- 地는 _____을 뜻합니다.
- 地는 _____라고 읽습니다.
- 땅 지는 _____라고 씁니다.

🖉 빈 칸에 地를 쓰고, 地가 쓰인 한자어를 익혀 보세요.

천 ☐ : 하늘과 땅

☐ 구 : 인류가 살고 있는 천체

🖉 필순에 맞게 地를 써 보세요.

土부수-총 6획

地
땅 지

• 土가 부수인 한자의 뜻은 주로 '땅, 흙' 등과 관계가 있다는 점을 설명합니다.

江 알아보기

🔊 빈 곳에 알맞은 스티커를 붙이고 한자의 뜻과 소리를 읽어 보세요.

뜻: 강 소리: 강

📝 江이 만들어진 유래를 알아보고 한자 스티커를 붙이세요.

뜻을 나타내는 氵(삼수 변)과 소리가 된 工(장인 공→강)이 합해져서 강을 뜻하게 된 한자입니다.

✏️ 순서대로 써 보세요.

• 江은 본래 중국의 장강(양자강)을 뜻하는 한자였습니다.

✏️ 江의 뜻, 소리, 모양을 쓰세요.

- 江은 _____ 을 뜻합니다.
- 江은 _____ 이라고 읽습니다.
- 강 강은 _____ 이라고 씁니다.

✏️ 빈 칸에 江을 쓰고, 江이 쓰인 한자어를 익혀 보세요.

☐ 산 : 강과 산, 자연의 경치를 이르는 말

☐ 촌 : 강가의 마을

✏️ 필순에 맞게 江을 써 보세요.

氵(水)부수 – 총 6획

江
강 강

• 江의 氵은 水(물 수)가 부수로 쓰여 모양이 변한 형태입니다.

河 알아보기

🔊 빈 곳에 알맞은 스티커를 붙이고 한자의 뜻과 소리를 읽어 보세요.

뜻: 물 소리: 하

📄 河가 만들어진 유래를 알아보고 한자 스티커를 붙이세요.

뜻을 나타내는 氵(삼수 변)과 소리가 된 可(옳을 가→하)가 합해져서 물, 강을 뜻하게 된 한자입니다.

✏️ 순서대로 써 보세요.

• 河는 본래 중국의 황하를 뜻하는 한자였습니다.

河의 뜻, 소리, 모양을 쓰세요.

- 河는 _____ 을 뜻합니다.
- 河는 _____ 라고 읽습니다.
- 물 하는 _____ 라고 씁니다.

빈 칸에 河를 쓰고, 河가 쓰인 한자어를 익혀 보세요.

☐ 천 : 시내, 강

은 ☐ 수 : 은하를 강물에 비유하여 이르는 말

필순에 맞게 河를 써 보세요.

河
물 하

氵(水)부수 – 총 8획

- 河의 氵은 水(물 수)가 부수로 쓰여 모양이 변한 형태입니다. 江과 河는 비슷한 뜻을 지닌 한자입니다.

다지기

📝 빈 칸에 알맞은 뜻과 소리를 쓰세요.

天

江   강 강

地

河

하늘 천   강 강   물 하   땅 지

한자를 필순에 맞게 쓰세요.

하늘 천

물 하

강 강

땅 지

● 필순에 맞게 쓰기 연습을 합니다.

자원을 보고 빈 칸에 알맞게 쓰세요.

빈 칸에 알맞은 한자를 쓰세요.

<보기> 天　地　江　河

동화를 읽고 〈보기〉에서 알맞은 한자를 찾아 쓰세요.

내 말이 맞지?

호랑이 한 [一] 마리가 지나가는 사람 [人] 에게 물었어요.

"하느님이 첫째, 사람이 둘째, 호랑이가 셋째라는 말이 정말이냐?"

"나무 위 [上] 로 올라가게 해 주면, 내 생각을 말 [言] 해주지."

나무 꼭대기에 올라간 사람이 소리쳤어요.

"그럼, 맞는 이야기이지. 하느님은 하늘 [天] 에 있고,

나는 나무 위에 있고, 너는 땅 [地] 에 있잖니. 메롱!"

호랑이는 약이 올라 으르렁대며, 새끼 호랑이들에게 말했어요.

"얘들아, 저기 저 사람이 우리가 꼴찌란다. 본때를 보여 줘야 하는데…"

"좋은 수가 있어요. 아빠가 땅에 엎드리고 우리가 사다리를 만들어 올라가 잡는 거예요."

새끼 호랑이가 꼭대기에 올라가자 사람은 나뭇가지를 휘두르며 이렇게 소리쳤어요.

"조금이라도 움직이면 새끼 호랑이를 혼내줄 테다!"

아빠 호랑이가 "안 돼!" 하고 외치는 사이에 호랑이 사다리가 무너졌어요.

강 [江] 건너로 도망가는 호랑이들을 향해 사람이 말했어요.

"그것 봐, 내 말이 맞지? 하느님이 첫째고, 사람이 둘째고, 호랑이가 셋째라고!"

〈보기〉 人 江 上 言 一 天 地

풀어보기

● 한자의 뜻과 소리를 쓰세요.

 뜻:＿＿＿ 소리:＿＿＿

 뜻:＿＿＿ 소리:＿＿＿

 뜻:＿＿＿ 소리:＿＿＿

 뜻:＿＿＿ 소리:＿＿＿

● 바르게 연결하세요.

 →  •　　　• 天

 →  •　　　• 地

 →  •　　　• 江

 →  •　　　• 河

● 빈 칸에 알맞은 한자를 쓰세요.

* 비가 갑자기 많이 내리자 [하] [천]천 이 넘쳤습니다.

* 간호사를 백의의 [천] [사]사 라 표현한다.

* 우리나라를 예로부터 삼천리 금수 [강] [산]산 이라고 하였습니다.

* [지] [구]구 는 태양의 주위를 돌고 있습니다.

● 뜻·소리에 알맞은 한자를 쓰세요.

하늘 천				
땅 지				
강 강				
물 하				

 漢字 보따리

자전에서 모르는 한자 찾기 1

• 부수를 이용한 한자 찾기

男

甘	1156
生	1157
用	1161
田	1162

1. 먼저 男의 부수를 알아보세요. (田부수)

2. 男의 부수인 田의 획수를 알아보세요. (田 - 5획)

(5) 田 (밭 전) 部
〔字源〕
象形. '口'는 사방의 경계선을, '十'은 동서남북으로 통하는 길을 본떴다. 우리 나라에서는 물이 있는 밭이 논이므로, '水+田→畓'으로 논을 뜻하게 하였다.

3. 자전에서 부수색인의 5획 부분에서 田을 찾아 해당 쪽수를 펴요.

4. 男에서 田을 뺀 나머지 획수를 세요. (男 : 田부수를 뺀 나머지 力 - 2획)

5. 田부 2획의 쪽수에서 男의 뜻과 소리, 한자어 등을 알아보세요.

【男】 사내 남 那含切 ㄋㄢ/ナン (nan)
〔자원〕 會意. 田+力→男. 남자는 들에 나가서 농사일에 힘써야 하므로, 田과 力을 합하여 남자란 뜻을 나타냈다.
〔자해〕 1 사내, 장부. 〔易經〕乾道成男. 2 아들, 사내 자식. 〔史記〕賈有五男. 3 젊은이, 장정. 〔史記〕民有二男以上. 4 남작. ※ 오등작(五等爵)의 최하위. 〔禮記〕王者之制祿爵, 公侯伯子男, 凡五等. 5 왕성에서 천 리 밖 오백 리 폭의 지역. ¶ 男畿.

 해답

 C3집 97a-108a

97a

97b

99a

99b

100a

100b

101a

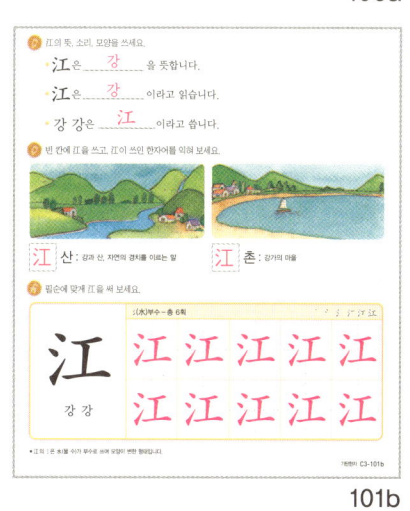
101b

102a

기탄한자 C3-107b

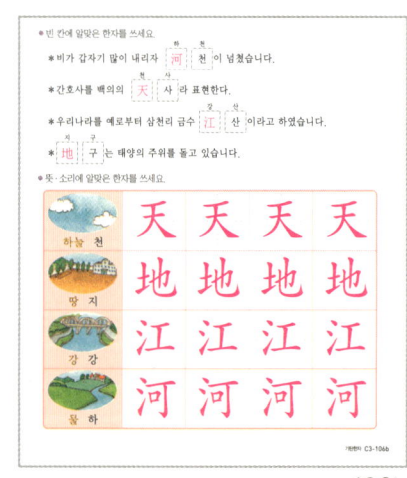

天

地

江

河

기탄한자 C3집 9호 한자 카드

땅 지

기탄한자 C3집 9호

하늘 천

기탄한자 C3집 9호

물 하

기탄한자 C3집 9호

강 강

기탄한자 C3집 9호

天使

地球

江村

銀河水

지구
인류가 살고 있는 천체

地:땅 지　球:공 구

천사
하느님의 사자

天:하늘 천　使:하여금 부릴 사

은하수
은하를 강물에 비유하여 이르는 말

銀:은 은　河:물 하
水:물 수

강촌
강가의 마을

江:강 강　村:마을 촌

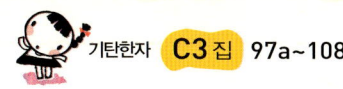

地 땅 지   天 하늘 천   河 물 하   江 강 강

 天

 地

 江   河

 재미로 읽기

 하늘 천 天

펴낸이 : 정지향
펴낸곳 : (주)기탄교육
기획·편집·디자인 : 기탄교육연구소
주소 : 06698 서울특별시 서초구 효령로 40 기탄출판센터
등록 : 제2000-000098호
전화 : (02)586-1007
팩스 : (02)586-2337

※서점에 갈 시간이 없거나 구하기 어려운 분은 인터넷 또는 전화로 신청하세요. 즉시 우송해 드립니다.
● www.gitan.co.kr

ⓒ (주)기탄교육 All rights reserved.
저작권자의 동의 없이 본 교재를 무단으로 복제하거나 전재하는 것을 금합니다.

받아쓰기

● 엄마가 뜻·소리를 부르고 아이가 한자를 써 보도록 합니다.

🐢 9호에서 배운 한자를 다시 한번 써 보세요.

天	天	天	天	天	天
하늘 천					

地	地	地	地	地	地
땅 지					

江	江	江	江	江	江
강 강					

河	河	河	河	河	河
물 하					

C3집
109a-120a

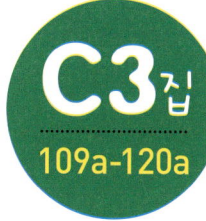

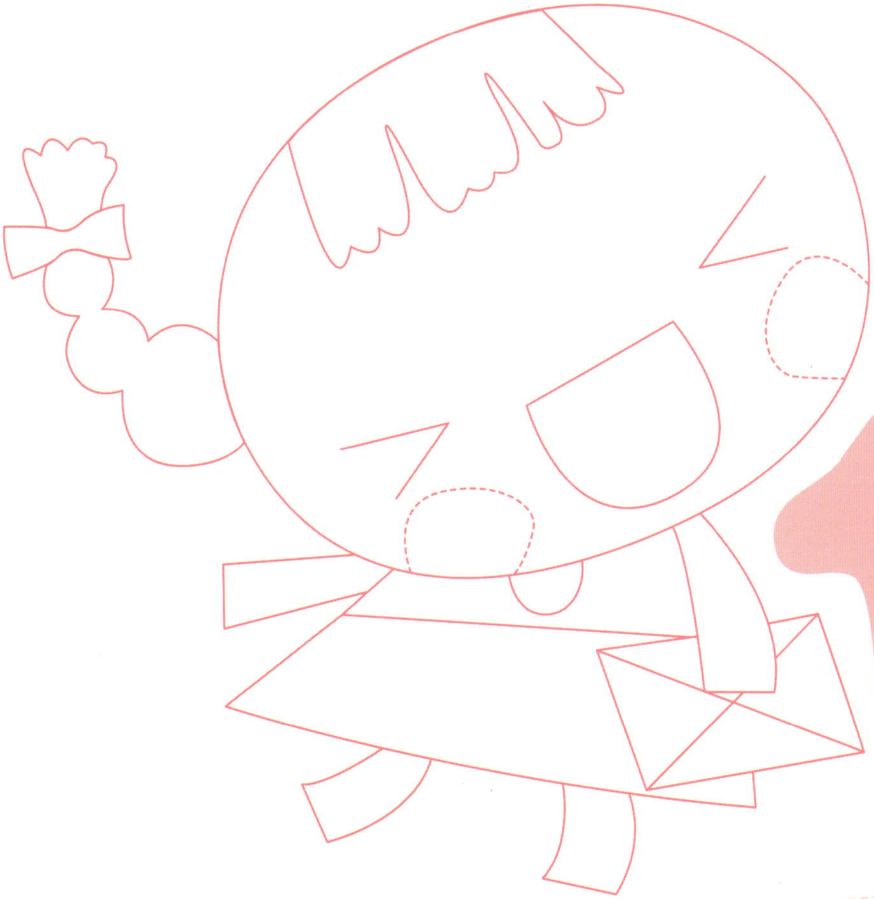

10호

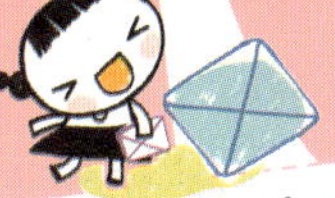

기탄한자 C단계 3집 109a~120a

그림으로 익히고 놀이로 기억하는 입체 한자 학습 프로그램

기탄 한자

C3집
10호
109a-120a

공부한 날   월   일 ~   월   일
            (원)교   반
이름   전화

www.gitan.co.kr

기탄교육

 C단계에서 배울 한자입니다.

	C단계					
1집	文, 化, 言, 才	2집	出, 入, 內, 外	3집	天, 地, 江, 河	4집	君, 臣, 兵, 卒
	兄, 弟, 交, 友		去, 來, 立, 坐		毛, 皮, 角, 蟲		方, 向, 左, 右
	多, 少, 血, 肉		光, 明, 行, 步		古, 今, 衣, 食		本, 末, 分, 合
	복습		복습		복습		복습

※ 매주마다 학습한 한자를 누적하여 읽어 보세요.

학습진단 관리표

금주평가	훈음 읽기	훈음 쓰기	한자 쓰기	한자어 읽기	이번 주는?			
	Ⓐ 아주 잘함	Ⓐ 아주 잘함	Ⓐ 아주 잘함	Ⓐ 아주 잘함	● 학습방법	❶ 매일매일	❷ 가끔	❸ 한꺼번에 하였습니다.
	Ⓑ 잘함	Ⓑ 잘함	Ⓑ 잘함	Ⓑ 잘함	● 학습태도	❶ 스스로 잘	❷ 시켜서 억지로 하였습니다.	
	Ⓒ 보통	Ⓒ 보통	Ⓒ 보통	Ⓒ 보통	● 학습흥미	❶ 재미있게	❷ 싫증내며 하였습니다.	
	Ⓓ 노력해야 함	Ⓓ 노력해야 함	Ⓓ 노력해야 함	Ⓓ 노력해야 함	● 교재내용	❶ 적합하다고	❷ 어렵다고	❸ 쉽다고 하였습니다.

지도 교사가 부모님께   부모님이 지도 교사께

종합평가	Ⓐ 아주 잘함	Ⓑ 잘함	Ⓒ 보통	Ⓓ 노력해야 함

이번 주에는 毛 (털 모), 皮 (가죽 피), 角 (뿔 각), 蟲 (벌레 충)을 배워요.

이렇게 도와 주세요

1 일차	109a~110b	• 지난 호에서 학습한 天, 地, 江, 河를 복습합니다. • 동화를 읽고 毛, 皮, 角, 蟲의 뜻과 소리를 알아봅니다. • 한자 카드나 받아쓰기로 앞서 배운 한자를 복습합니다.
2 일차	111a~112b	• 毛, 皮의 뜻, 소리, 자원, 필순, 한자어를 학습합니다. • 모양이 비슷한 한자의 구별에 유의합니다. 예 : 毛(털 모), 手(손 수) / 皮(가죽 피), 友(벗 우)
3 일차	113a~114b	• 角, 蟲의 뜻, 소리, 자원, 필순, 한자어를 학습합니다. • 동물의 뿔(角)의 모습이나 벌레(蟲)의 모양과 연관시켜 기억하면 쉽게 이해할 수 있습니다.
4 일차	115a~117b	• 毛, 皮, 角, 蟲을 여러 가지 방법을 통해 익힙니다. • 쓰기 연습을 할 때는 입으로 훈음을 말하며 쓰는 습관을 갖도록 지도합니다.
5 일차	118a~120a	• 풀어보기를 통해 毛, 皮, 角, 蟲 학습의 성취도를 알아봅니다. • 한자 보따리를 읽고 자전을 이용하여 한자를 찾는 연습을 합니다. • 재미로 읽기를 통하여 한자 학습에 흥미를 느끼도록 합니다.

다시 보기

선을 따라 접은 후 이루어지는 한자의 뜻과 소리를 쓰세요.

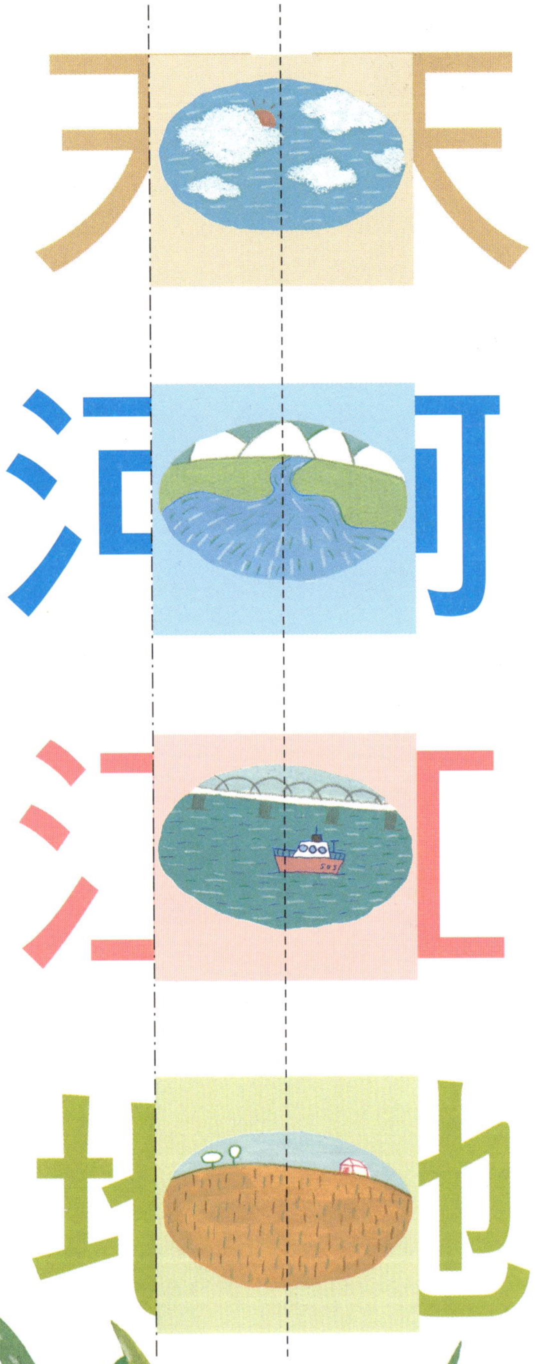

天   뜻: 소리:

河   뜻: 소리:

江   뜻: 소리:

地   뜻: 소리:

밖으로 접는 선   안으로 접는 선

빈 곳에 스티커를 붙이고 빈 칸에 알맞게 쓰세요.

● 지난 주에 익힌 天, 地, 江, 河의 뜻, 소리, 모양을 복습합니다.

📄 동화를 읽고 같은 모양의 한자를 찾아 스티커를 붙이세요.

사자와 모기

동물의 왕 사자가 코를 드르렁거리며 잠을 자고 있었어요.
그 때, 모기 한 마리가 사자 곁을 지나가고 있었어요.
'제 아무리 사자라도 정신없이 자고 있으니 공격해도 괜찮을 거야.'
이렇게 생각한 모기는 사자 이곳저곳을 둘러보았어요.
쭉쭉 뻗은 갈기**털**(毛)과 딱딱한 **가죽**(皮)은 모기의 침이 들어갈 것 같지 않았어요.

● 사자와 모기 이야기를 통해 한자의 뜻을 알고 같은 모양의 한자 스티커를 붙여 봅니다.

그래서 모기는 사자의 코를 사정없이 쏘아댔어요.

사자는 너무 아파 뒹굴었어요. "이 망할 모기 같으니…"

그러다 사자는 결국 지쳐서 쓰러져 버렸어요.

모기는 동물의 왕 사자를 이겼다는 마음에 우쭐해졌어요.

그리고 쓰러진 사자 주위를 유유히 맴돌다가 그만 가냘픈 거미줄에 걸려 버렸어요.

마침내 다른 **벌레**(蟲)들과 같이 모기도 거미의 밥이 되어 버리고 말았어요.

이를 지켜보던 멋진 **뿔**(角)이 난 사슴이 배를 잡고 웃었답니다.

• 도입 단계이므로 배우게 될 한자에 흥미를 갖게 하고, 쓰거나 암기하지 않도록 합니다.

 毛 알아보기

🔊 빈 곳에 알맞은 스티커를 붙이고 한자의 뜻과 소리를 읽어 보세요.

뜻 : 털 소리 : 모

📖 毛가 만들어진 유래를 알아보고 한자 스티커를 붙이세요.

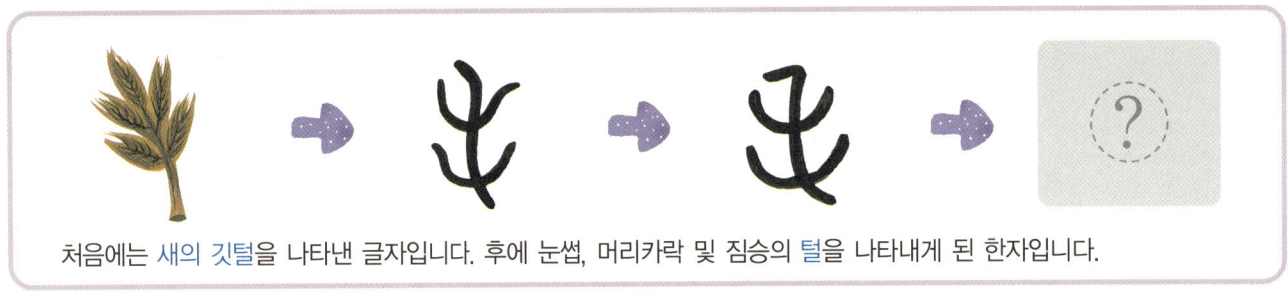

처음에는 새의 깃털을 나타낸 글자입니다. 후에 눈썹, 머리카락 및 짐승의 털을 나타내게 된 한자입니다.

✏️ 순서대로 써 보세요.

• 毛는 사람과 동물의 경우를 지칭하는 한자이고 羽(깃 우)는 새의 깃털을 나타내는 한자입니다.

📝 毛의 뜻, 소리, 모양을 쓰세요.

- 毛는 _____ 을 뜻합니다.
- 毛는 _____ 라고 읽습니다.
- 털 모는 _____ 라고 씁니다.

📖 빈 칸에 毛를 쓰고, 毛가 쓰인 한자어를 익혀 보세요.

☐ 피 : 털가죽

양 ☐ : 양의 털

✏️ 필순에 맞게 毛를 써 보세요.

毛부수 - 총 4획

털 모

- 毛와 手(손 수)는 모양이 비슷하므로 잘 구별하도록 합니다.

 皮 알아보기

🔊 빈 곳에 알맞은 스티커를 붙이고 한자의 뜻과 소리를 읽어 보세요.

뜻: **가죽** 소리: **피**

📋 皮가 만들어진 유래를 알아보고 한자 스티커를 붙이세요.

본래의 뜻은 **껍질을 벗기다**이며, 동물이나 식물의 **껍질**, **가죽**을 나타내는 한자입니다.

✏️ 순서대로 써 보세요.

• 皮는 동물이나 식물 모두에게 쓰입니다. 예 : 羊皮(양피), 草根木皮(초근목피)

📝 皮의 뜻, 소리, 모양을 쓰세요.

- 皮는 _____ 을 뜻합니다.
- 皮는 _____ 라고 읽습니다.
- 가죽 피는 _____ 라고 씁니다.

📝 빈 칸에 皮를 쓰고, 皮가 쓰인 한자어를 익혀 보세요.

목 ☐ : 나무 껍질

☐ 혁 : 제품의 원료가 되는 가죽을 통틀어 이르는 말

📝 필순에 맞게 皮를 써 보세요.

皮부수 - 총 5획   ノ 厂 广 皮 皮

皮
가죽 피

- 皮는 모양이 비슷한 한자인 友(벗 우)와 구별합니다.

 角 알아보기

🔊 빈 곳에 알맞은 스티커를 붙이고 한자의 뜻과 소리를 읽어 보세요.

뜻: 뿔 소리: 각

📓 角이 만들어진 유래를 알아보고 한자 스티커를 붙이세요.

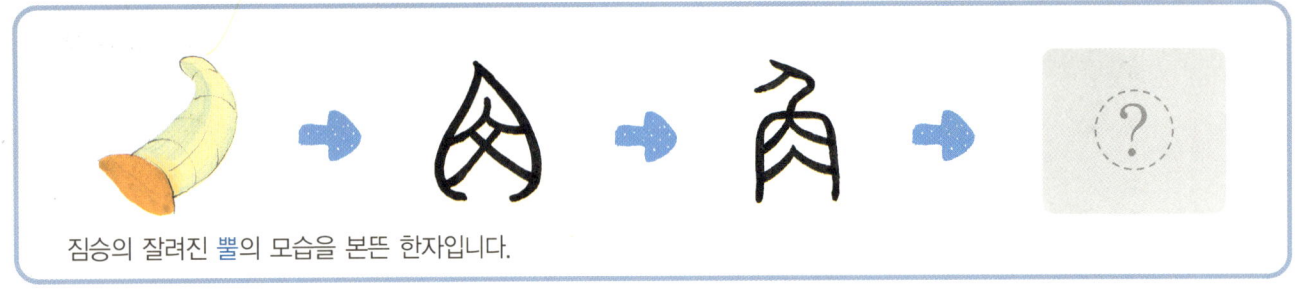

짐승의 잘려진 뿔의 모습을 본뜬 한자입니다.

✏️ 순서대로 써 보세요.

• 角은 뿔의 모양을 본떠 만든 상형자입니다.

- 角의 뜻, 소리, 모양을 쓰세요.

  - 角은 _____ 을 뜻합니다.
  - 角은 _____ 이라고 읽습니다.
  - 뿔 각은 _____ 이라고 씁니다.

- 빈 칸에 角을 쓰고, 角이 쓰인 한자어를 익혀 보세요.

녹 ☐ : 사슴의 뿔

직 ☐
- 서로 수직인 두 직선이 이루는 각
- 90도의 각

- 필순에 맞게 角을 써 보세요.

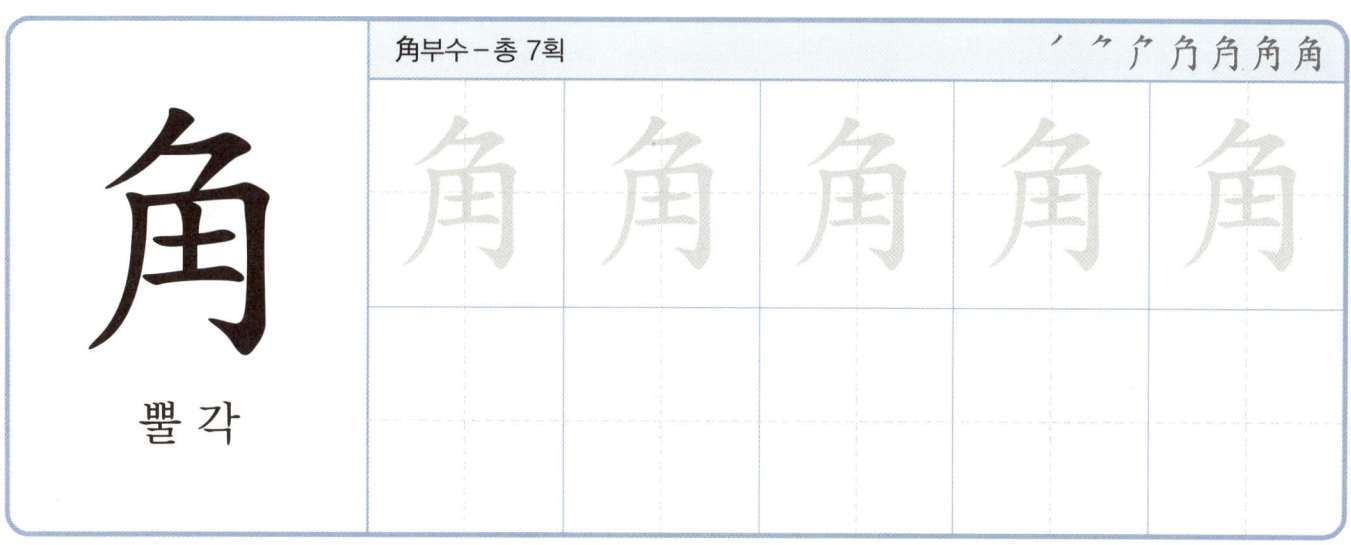

角부수 – 총 7획

ノ ク 力 角 角 角

角
뿔 각

- 角이 쓰이는 다른 한자어도 찾아 봅니다. 예) 삼각형, 예각, 각도…

 蟲 알아보기

🔊 빈 곳에 알맞은 스티커를 붙이고 한자의 뜻과 소리를 읽어 보세요.

뜻: 벌레   소리: 충

📖 蟲이 만들어진 유래를 알아보고 한자 스티커를 붙이세요.

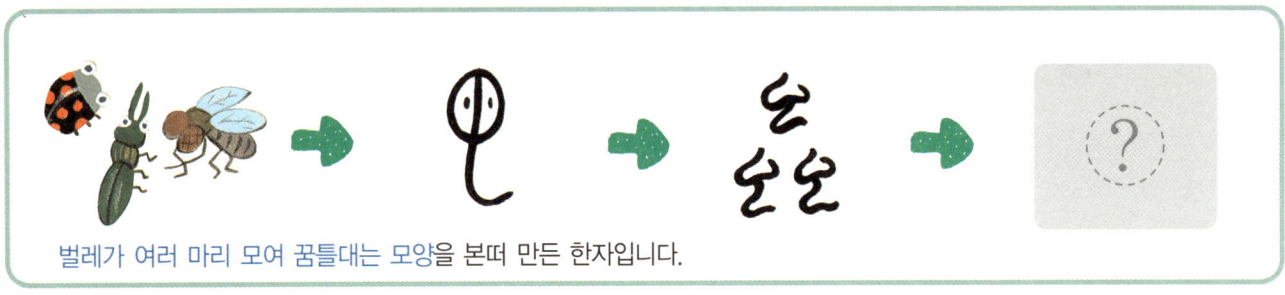

벌레가 여러 마리 모여 꿈틀대는 모양을 본떠 만든 한자입니다.

✏️ 순서대로 써 보세요.

• 蟲은 '虫(벌레 충)'이 세 개 겹친 한자입니다.

- 蟲의 뜻, 소리, 모양을 쓰세요.

    - 蟲은 _____ 를 뜻합니다.

    - 蟲은 _____ 이라고 읽습니다.

    - 벌레 충은 _____ 이라고 씁니다.

- 빈 칸에 蟲을 쓰고, 蟲이 쓰인 한자어를 익혀 보세요.

초 [ ] : 풀에서 사는 벌레

해 [ ] : 사람이나 농작물에 해가 되는 벌레를 통틀어 이르는 말

- 필순에 맞게 蟲을 써 보세요.

蟲
벌레 충

虫부수 – 총 18획

- 虫이 부수로 쓰인 한자는 벌레와 관련있는 뜻을 나타냅니다. 예 : 蚊(모기 문), 蜂(벌 봉), 蛙(개구리 와)…

다지기

✏️ 빈 칸에 알맞은 뜻과 소리를 쓰세요.

蟲

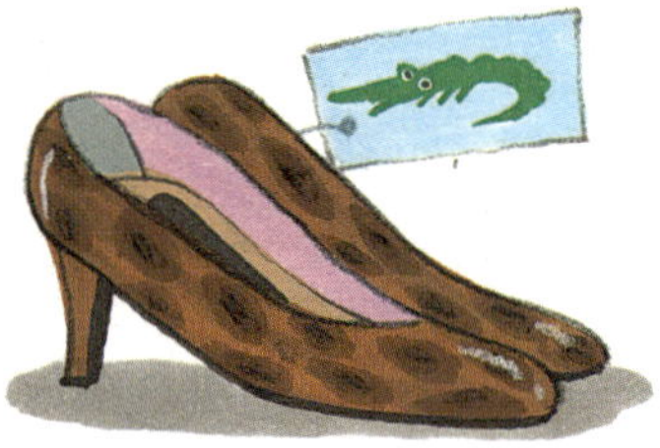

皮

角

毛

털 모   가죽 피   벌레 충   뿔 각

• 한자의 모양과 그림을 보고 훈음을 연상할 수 있도록 합니다.

한자를 필순에 맞게 쓰세요.

• 皮의 필순은 ㄱ 厂 广 皮 皮 의 순서로 쓰이기도 합니다.

자원을 보고 빈 칸에 알맞게 쓰세요.

• 자원을 보고 한자의 모양을 떠올리지 못하면 한자 카드를 보고 쓰도록 합니다.

그림을 보고 알맞은 한자를 찾아 ○하세요.

• 그림에서 벌레, 뿔, 털, 가죽의 요소를 아이가 먼저 찾도록 합니다.

빈 칸에 알맞은 한자를 쓰세요.

角　　皮　　毛　　蟲

• 상황 그림 속에서 가죽, 뿔, 털, 벌레를 먼저 찾고 한자를 알맞게 쓸 수 있도록 합니다.

동화를 읽고 〈보기〉에서 알맞은 한자를 찾아 쓰세요.

사자 가죽을 쓴 당나귀

어느 날 당나귀가 길을 지나가다가 사자의 **가죽** [皮] 을 발견했어요.

커다란 얼굴과 멋진 갈기**털** [毛], 축 늘어진 꼬리까지 굉장히 훌륭했어요.

당나귀는 얼른 사자의 가죽을 뒤집어썼어요.

그리고 점잖게 어슬렁어슬렁 마을로 **갔어요** [去].

이 모습을 본 동물들은 살짝 숨거나 허겁지겁 달아났어요.

심지어는 **벌레** [蟲] 들까지도 도망쳤어요.

당나귀는 **태어나서** 生 처음으로 우쭐한 기분을 느꼈어요.

"이놈들, 이젠 내 앞에서 함부로 나를 업신여기지 못할 것이다."

어느 날 당나귀는 자신을 괴롭히던 원숭이를 혼내 주었어요.

기분이 좋아진 당나귀는 우쭐해져서 사자처럼 울고 싶어졌어요.

그런데 멋지게 운 순간 "히이잉~" 당나귀 소리를 내고 말았어요.

이 소리를 들은 동물들은 모두 배를 잡고 웃었어요.

〈보기〉 毛 皮 去 生 蟲

 풀어보기

● 한자의 뜻과 소리를 쓰세요.

蟲 뜻: _____ 소리: _____

皮 뜻: _____ 소리: _____

角 뜻: _____ 소리: _____

毛 뜻: _____ 소리: _____

● 바르게 연결하세요.

 · · 角

 · · 蟲

 · · 皮

· · 毛

● 빈 칸에 알맞은 한자를 쓰세요.

* 해충으로 인해 농작물에 많은 피해가 있었습니다.

* 서로 수직인 두 직선이 이루는 각을 직각이라고 한다.

* 가난한 백성들은 흉년이면 초근목피로 연명하곤 했다.

* 양모로 된 이불은 따뜻하다.

● 뜻·소리에 알맞은 한자를 쓰세요.

털 모					
가죽 피					
뿔 각					
벌레 충					

자전에서 모르는 한자 찾기 2

- **총획 색인(總劃索引)을 이용한 한자 찾기**
  한자의 부수나 소리를 모를 때는 총획수를 이용하여 한자를 찾을 수 있습니다.

  男
  1. 男자의 총획을 세어요. (男-7획)
  2. 자전의 뒷부분에 있는 총획 색인 검자의 7획란에서 男을 찾아요.
  3. 男의 해당 쪽수를 펼쳐서 뜻과 소리, 한자어를 익혀요.

- **자음 색인(字音索引)을 이용한 한자 찾기**
  찾고자 하는 한자의 소리(음)를 알고 있을 때는 자음 색인을 이용하여 찾습니다.

  男
  1. 자음 색인에서 '남'을 찾아요.
  2. 男이 실린 쪽수를 펼쳐서 한자를 찾아요.
  3. 해당 쪽수를 찾아 男의 뜻과 소리, 한자어를 익혀요.

해답

C3집
109a-120a

109a

109b

111a

111b

112a

112b

113a

113b

114a

 毛

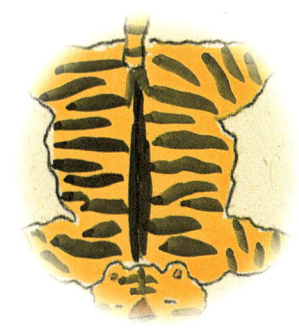 皮

 角

 蟲

기탄한자 C3집 10호 한자 카드

皮	毛
가죽 피	털 모

기탄한자 C3집 10호 　　　　　　　기탄한자 C3집 10호

蟲	角
벌레 충	뿔 각

기탄한자 C3집 10호 　　　　　　　기탄한자 C3집 10호

毛皮

木皮

鹿角

害蟲

목피
나무 껍질

木:나무 목   皮:가죽 피

모피
털가죽

毛:털 모   皮:가죽 피

해충
사람이나 농작물에 해가 되는 벌레를 통틀어 이르는 말

害:해할 해   蟲:벌레 충

녹각
사슴의 뿔

鹿:사슴 록   角:뿔 각

 재미로 읽기

 벌레 충 蟲

- 어? 쟤가 지금 뭘 하는거야?
- 보면 몰라? 곤蟲 채집 중이잖아.
- 뭐라고? 곤蟲 채집? 요즘 같은 시대에 누가 그런 원시적인 방법으로 벌레를 잡냐? 촌스럽게~
- 그럼 안 촌스런 너네들은 얼마나 세련되게 잡는데?

- 그야 유蟲을 잡아서 성蟲으로 키우면 되지.

- 아니면 식蟲 식물을 키우는건 어때?
- 해蟲도 없애고 숙제도 하고 그야말로 일석이조~

- 하지만 요즘엔 이것도 귀찮아서

- 뱃속에 직접 키우고 있지롱~
- 꾸엑 기생蟲!

- 어디 거기뿐이야? 얘는 입 속에도 벌레를 키운다고.
- 뭐? 입 속?

- 蟲~ 치~
- 어~ 어쩐지 평소에 입냄새가 심하다 했지.

펴낸이 : 정지향
펴낸곳 : (주)기탄교육
기획·편집·디자인 : 기탄교육연구소
주소 : 06698 서울특별시 서초구 효령로 40 기탄출판센터
등록 : 제2000-000098호
전화 : (02) 586-1007
팩스 : (02) 586-2337

※ 서점에 갈 시간이 없거나 구하기 어려운 분은 인터넷 또는 전화로 신청하세요. 즉시 우송해 드립니다.
● www.gitan.co.kr

ⓒ (주)기탄교육 All rights reserved.
저작권자의 동의 없이 본 교재를 무단으로 복제하거나 전재하는 것을 금합니다.

받아쓰기

• 엄마가 뜻·소리를 부르고 아이가 한자를 써 보도록 합니다.

🐵 10호에서 배운 한자를 다시 한번 써 보세요.

毛
털 모

皮
가죽 피

角
뿔 각

蟲
벌레 충

C3집

121a-132a

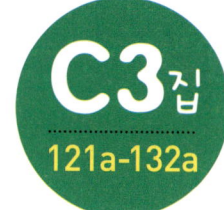

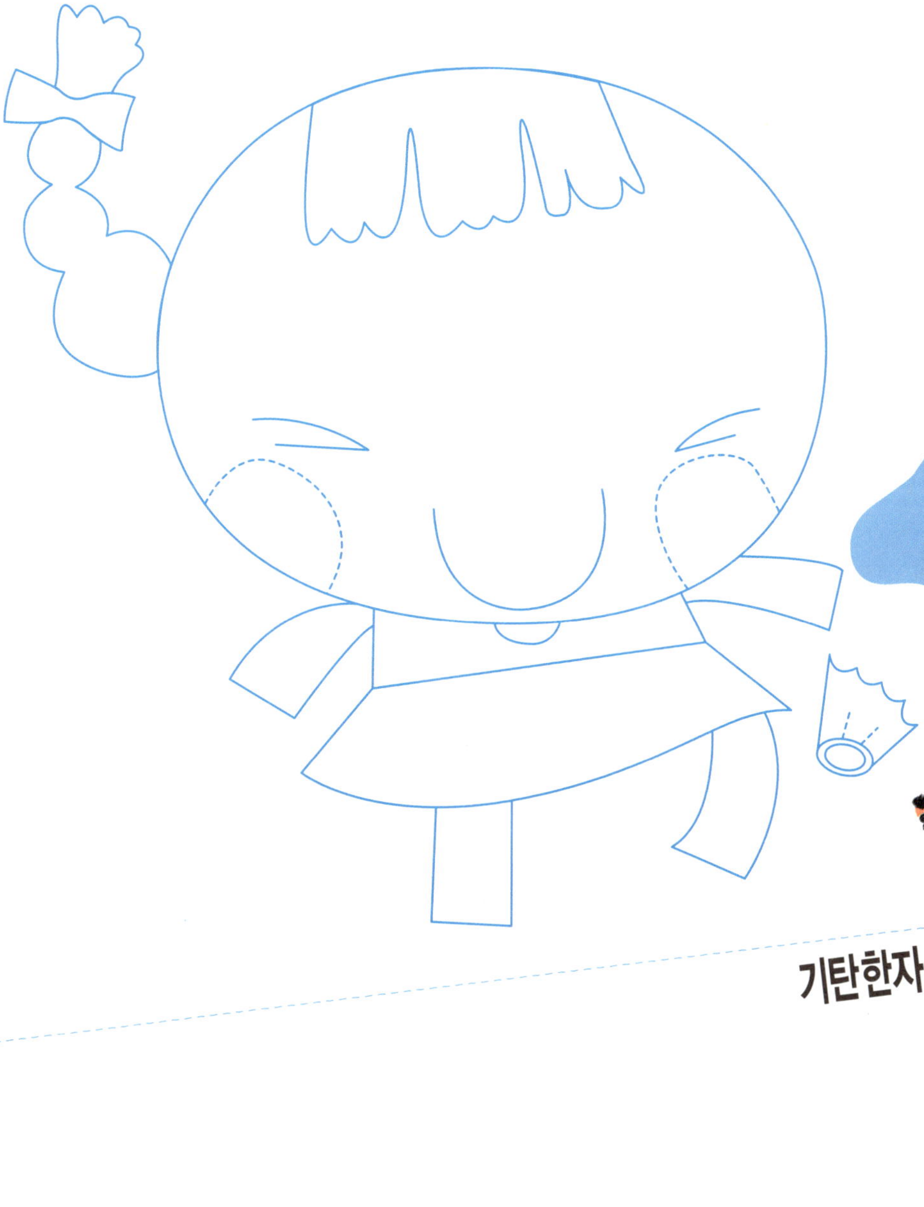

11호

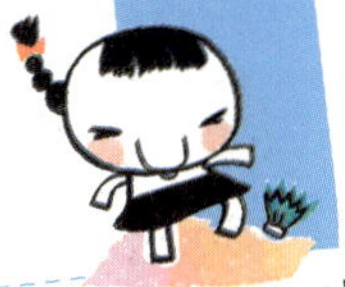

기탄한자 C단계 3집 121a~132a

그림으로 익히고 놀이로 기억하는 입체 한자 학습 프로그램

기탄®한자

C3집
11호
121a-132a

공부한 날   월   일 ~   월   일
　　　　　(원)교　　　　반
이름　　　　　전화

www.gitan.co.kr

기탄교육

 ## C단계에서 배울 한자입니다.

	C단계						
1집	文, 化, 言, 才	2집	出, 入, 內, 外	3집	天, 地, 江, 河	4집	君, 臣, 兵, 卒
	兄, 弟, 交, 友		去, 來, 立, 坐		毛, 皮, 角, 蟲		方, 向, 左, 右
	多, 少, 血, 肉		光, 明, 行, 步		古, 今, 衣, 食		本, 末, 分, 合
	복습		복습		복습		복습

※ 매주마다 학습한 한자를 누적하여 읽어 보세요.

학습진단 관리표

	훈음 읽기	훈음 쓰기	한자 쓰기	한자어 읽기	이번 주는?			
금주평가	Ⓐ아주 잘함	Ⓐ아주 잘함	Ⓐ아주 잘함	Ⓐ아주 잘함	● 학습방법	❶매일매일	❷가끔	❸한꺼번에 하였습니다.
	Ⓑ잘함	Ⓑ잘함	Ⓑ잘함	Ⓑ잘함	● 학습태도	❶스스로 잘	❷시켜서 억지로 하였습니다.	
	Ⓒ보통	Ⓒ보통	Ⓒ보통	Ⓒ보통	● 학습흥미	❶재미있게	❷싫증내며 하였습니다.	
	Ⓓ노력해야 함	Ⓓ노력해야 함	Ⓓ노력해야 함	Ⓓ노력해야 함	● 교재내용	❶적합하다고	❷어렵다고	❸쉽다고 하였습니다.

지도 교사가 부모님께　　　　　　　　　　　　　　　　부모님이 지도 교사께

종합평가	Ⓐ아주 잘함	Ⓑ잘함	Ⓒ보통	Ⓓ노력해야 함

이번 주에는 古 (옛 고), 今 (이제 금), 衣 (옷 의), 食 (먹을 식)을 배워요.

이렇게 **도와** 주세요

1 일차 121a~122b
- 지난 호에서 학습한 毛, 皮, 角, 蟲을 복습합니다.
- 동화를 읽고 古, 今, 衣, 食의 뜻을 이야기해 봅니다.
- 한자 카드나 받아쓰기로 앞서 배운 한자를 복습합니다.

2 일차 123a~124b
- 古, 今의 뜻, 소리, 자원, 필순, 한자어를 익힙니다.
- 古, 今은 과거와 지금 등 시간에 관계된 한자임을 설명해 줍니다.
- 古와 今은 서로 반대되는 뜻을 가진 한자입니다.

3 일차 125a~126b
- 衣, 食의 뜻, 소리, 자원, 필순, 한자어를 익힙니다.
- 衣, 食으로 이루어진 한자어를 실생활에서 찾아 보도록 합니다.
- 食은 '밥 사' 로 쓰이기도 합니다.

4 일차 127a~129b
- 다양한 방법으로 한자의 뜻, 소리, 모양, 자원을 익히고, 필순에 맞게 한자를 쓸 수 있도록 합니다.
- 129b의 동화 문장 속에 한자로 쓸 수 있도록 합니다.

5 일차 130a~132a
- 이번 주에 학습한 한자를 풀어보기를 통해 확인합니다.
- 한자 카드를 활용해서 매일 1,2분 정도 복습하면 효과적입니다.
- 한자 보따리를 읽으면서 한자에 대한 흥미를 갖도록 합니다.

다시 보기

선을 따라 접은 후 이루어지는 한자의 뜻과 소리를 쓰세요.

羊	뜻:　　소리:
皮	뜻:　　소리:
蟲	뜻:　　소리:
角	뜻:　　소리:

밖으로 접는 선　　안으로 접는 선

🗒 빈 곳에 스티커를 붙이고 빈 칸에 알맞게 쓰세요.

털 모		

가죽 피		

뿔 각		

벌레 충		

角　皮　蟲　毛

• 지난 주에 익힌 毛, 皮, 角, 蟲의 뜻, 소리, 모양을 복습합니다.

동화를 읽고 같은 모양의 한자를 찾아 스티커를 붙이세요.

학교 가기 싫은 날

날씨가 추워지고 바람이 불어요.

"정민아, 일어나라. 학교 가야지."

"싫어요. 학교 가기 싫어요."

정민이는 이불을 뒤집어 쓰고 웅얼거렸어요.

"아니, 얘가? 옛날(古)에는 학교 가고 싶어도 가지 못하는 아이들이 얼마나 많았는데."

"피, 엄만 또 그 소리! 요즘(今)에 학교 못 가는 아이가 어딨어요."

정민이는 부시시한 눈을 비비며 일어났어요.

• 이번 주에 학습할 古, 今, 衣, 食의 개념을 동화를 통하여 도입합니다.

세수를 아무렇게나 하고 옷(衣)을 주섬주섬 챙겨 입었어요.

정민이는 식탁에 앉았어요.

"에이, 맛있는 반찬도 없잖아!"

엄마는 얼굴을 찡그리다가 다시 웃으며 말씀하셨어요.

"우리 정민이는 학교 급식이 제일 맛있다고 했지.

학교 가면 맛있는 반찬 많이 **먹겠네(食)**."

정민이는 그제야 기분이 풀렸어요.

괜한 짜증을 부린 자신이 부끄러웠어요.

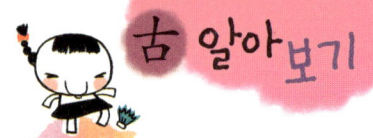 古 알아보기

🔊 빈 곳에 알맞은 스티커를 붙이고 한자의 뜻과 소리를 읽어 보세요.

뜻 : 옛   소리 : 고

📒 古가 만들어진 유래를 알아보고 한자 스티커를 붙이세요.

옛날에 있었던 전쟁 이야기를 하고 있는 데서 옛날이란 뜻을 나타내게 된 한자입니다.

✏️ 순서대로 써 보세요.

• 古는 故(옛 고)와 통용되는 한자입니다.

- 古의 뜻, 소리, 모양을 쓰세요.

  - 古는 _____ 을 뜻합니다.
  - 古는 _____ 라고 읽습니다.
  - 옛 고는 _____ 라고 씁니다.

- 빈 칸에 古를 쓰고, 古가 쓰인 한자어를 익혀 보세요.

☐ 목 : 오래 묵은 나무

☐ 서 : 옛날 책

- 필순에 맞게 古를 써 보세요.

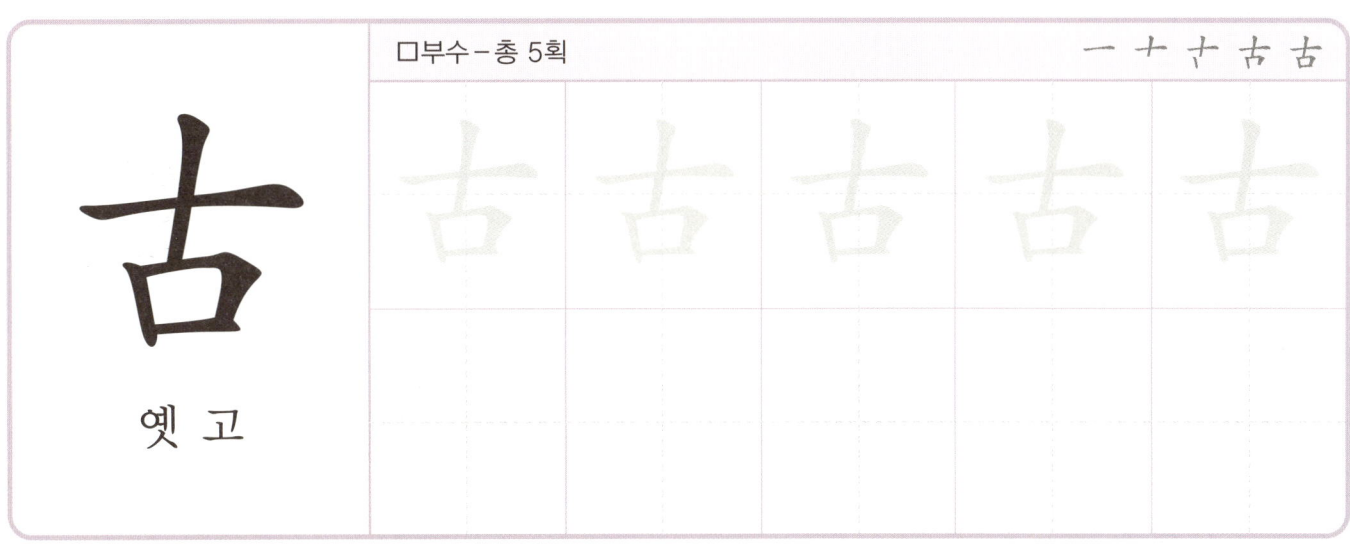

古
옛 고

口부수 - 총 5획

一 十 十 古 古

• 古는 '옛날, 고대, 오래되다' 등의 뜻으로 쓰입니다.

今 알아보기

🔊 빈 곳에 알맞은 스티커를 붙이고 한자의 뜻과 소리를 읽어 보세요.

뜻: 이제 소리: 금

📖 今이 만들어진 유래를 알아보고 한자 스티커를 붙이세요.

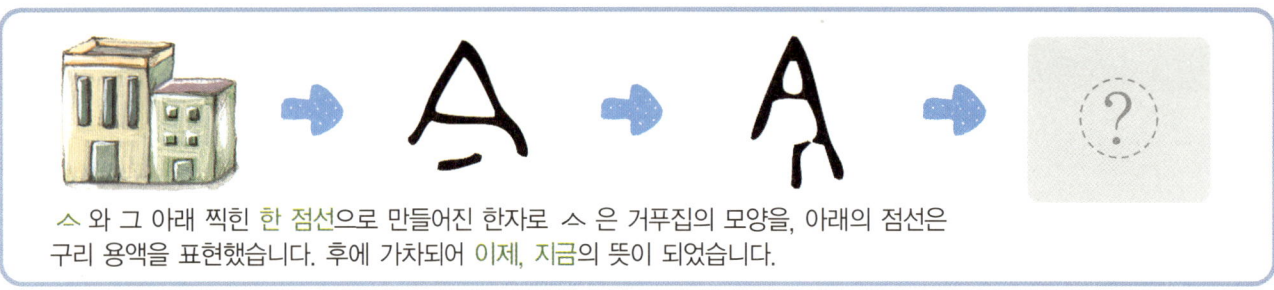

△ 와 그 아래 찍힌 한 점선으로 만들어진 한자로 △ 은 거푸집의 모양을, 아래의 점선은 구리 용액을 표현했습니다. 후에 가차되어 이제, 지금의 뜻이 되었습니다.

✏️ 순서대로 써 보세요.

• 今은 위에서부터 아래로 차례로 내려오면서 씁니다. 古(옛 고)와 今은 서로 반대되는 뜻을 가진 한자입니다.

📝 今의 뜻, 소리, 모양을 쓰세요.

- **今**은 _____ 를 뜻합니다.

- **今**은 _____ 이라고 읽습니다.

- 이제 금은 _____ 이라고 씁니다.

📝 빈 칸에 今을 쓰고, 今이 쓰인 한자어를 익혀 보세요.

고 ☐ : 옛날과 지금

☐ 일 : 오늘

✏️ 필순에 맞게 今을 써 보세요.

人부수 – 총 4획   ノ 人 𠆢 今

今
이제 금

- 今에는 '오늘, 현재' 등의 뜻도 있습니다.

衣 알아보기

🔊 빈 곳에 알맞은 스티커를 붙이고 한자의 뜻과 소리를 읽어 보세요.

뜻: 옷 소리: 의

📝 衣가 만들어진 유래를 알아보고 한자 스티커를 붙이세요.

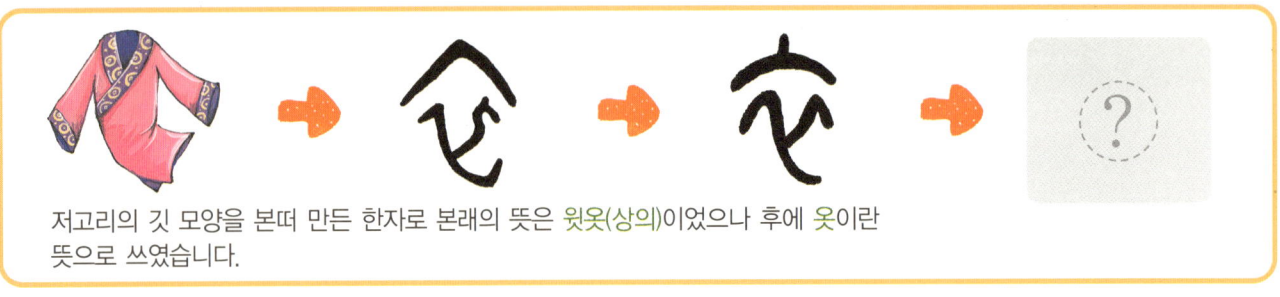

저고리의 깃 모양을 본떠 만든 한자로 본래의 뜻은 윗옷(상의)이었으나 후에 옷이란 뜻으로 쓰였습니다.

✏️ 순서대로 써 보세요.

• 衣는 상의를 나타내고 裳(치마 상)은 하의를 나타냈습니다.

✏️ 衣의 뜻, 소리, 모양을 쓰세요.

- 衣는 _____ 을 뜻합니다.
- 衣는 _____ 라고 읽습니다.
- 옷 의는 _____ 라고 씁니다.

✏️ 빈 칸에 衣를 쓰고, 衣가 쓰인 한자어를 익혀 보세요.

우 ☐ : 비옷

하 ☐ : 몸의 아랫도리에 입는 옷

✏️ 필순에 맞게 衣를 써 보세요.

衣부수 – 총 6획

衣
옷 의

- 衣는 부수로 쓰이면 衤로 모양이 변합니다. 衣와 뜻이 비슷한 한자로 服(옷 복)이 있습니다.

食 알아보기

🔊 빈 곳에 알맞은 스티커를 붙이고 한자의 뜻과 소리를 읽어 보세요.

뜻: **먹을**   소리: **식**

📝 食이 만들어진 유래를 알아보고 한자 스티커를 붙이세요.

본래의 뜻은 **음식물**이고 음식물이 담겨 있는 그릇의 모습입니다. 주로 **먹다**라는 뜻으로 쓰이는 한자입니다.

✏️ 순서대로 써 보세요.

• 食은 '밥'이라는 명사로 쓰이면 '사'로 읽습니다.

📝 食의 뜻, 소리, 모양을 쓰세요.

- 食은 _____ 을(를) 뜻합니다.
- 食은 _____ 이라고 읽습니다.
- 먹을 식은 _____ 이라고 씁니다.

📝 빈 칸에 食을 쓰고, 食이 쓰인 한자어를 익혀 보세요.

외 [ ] : 끼니 음식을 음식점 등에 가서 사서 먹는 일

초 [ ] : 푸성귀나 풀만 먹음

📝 필순에 맞게 食을 써 보세요.

食부수 - 총 9획

ノ 人 ㅅ 仒 今 今 食 食 食

食 먹을 식

• 飮食에서 飮(마실 음)은 마시는 것, 食(먹을 식)은 먹는 것을 나타냅니다.

기탄한자 C3-126b

빈 칸에 알맞은 뜻과 소리를 쓰세요.

衣

今

古

食

옛 고   옷 의   이제 금   먹을 식

한자를 필순에 맞게 쓰세요.

• 衣와 食의 쓰는 순서에 유의하여 써 봅니다.

자원을 보고 빈 칸에 알맞게 쓰세요.

뜻: 옛   소리: 고

衣   뜻: 소리:

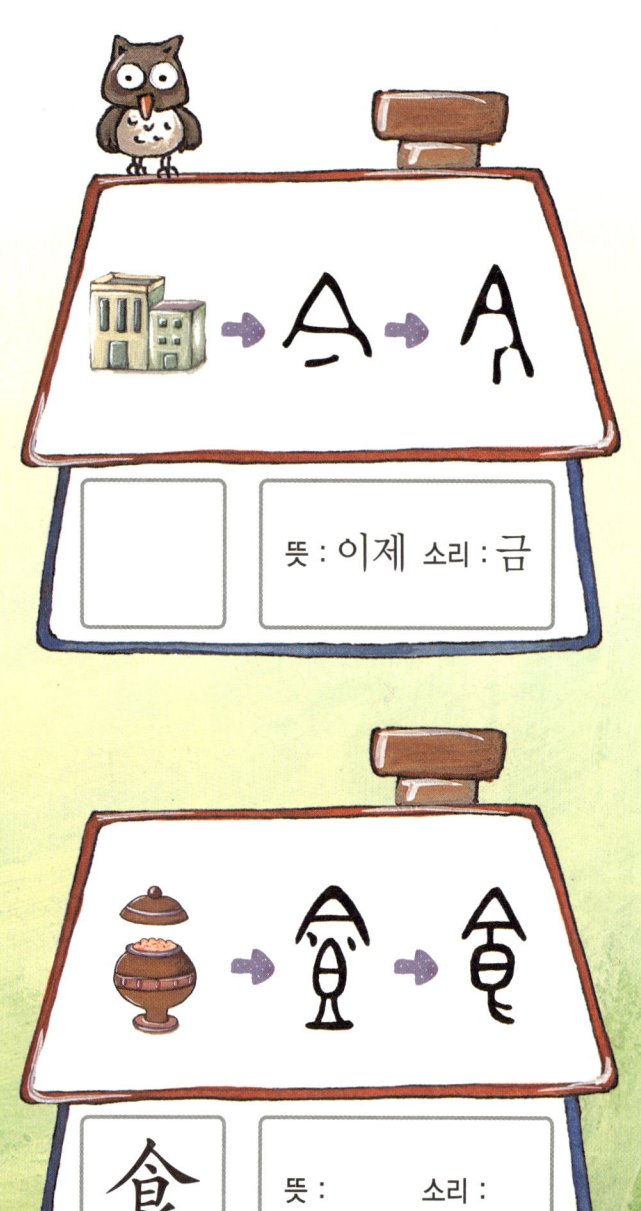

뜻: 이제   소리: 금

食   뜻: 소리:

• 자원을 보고 한자의 모양을 떠올리지 못하면 한자 카드를 보고 쓰도록 합니다.

빈 칸에 알맞은 한자를 쓰세요.

동화를 읽고 〈보기〉에서 알맞은 한자를 찾아 쓰세요.

공주와 비단옷

옛날 □ 에 어느 임금님이 왕위에 오르자 신하들에게 말했어요.

"그대들이 비단옷 □ 을 입으면 백성들도 비단옷을 입으려 할 것이고,

그대들이 기름진 음식 을 먹으면 □ 백성들도 좋은 음식을 먹으려고 할 것이오.

그러니 나라의 발전을 위해 누구보다 절약하도록 하시오."

그리고 또 왕비에게 부탁했어요. "왕비와 내가 절약하는 모습을 보여야 합니다.

그러므로 왕자나 공주에게 절대 비단옷을 입히지 말도록 하오."

왕비는 임금님의 말대로 왕자와 공주에게 비단옷을 입히지 않았어요.

어느 날, 어린 공주가 임금님에게 찾아왔어요.

"아바마마, 저도 비단치마를 한 번만 입어 보고 싶습니다."

임금님은 어린 딸의 소원을 들어 줄 수 없어서 마음 心 이 아팠어요.

그러나 곧 인자한 얼굴로 이렇게 말했어요.

"아버지는 왕 □ 으로서 누구보다 절약하는 모습을 보여야 하느니라.

그런데 딸이라고 비단옷을 입히면 되겠느냐. 지금 □ 은 안 되고 내가 죽은 뒤에 입도록 하여라."

임금님은 그 후로도 백성들을 잘 다스렸답니다.

〈보기〉 衣 古 食 今 王 心

● 한자의 뜻과 소리를 쓰세요.

 뜻: _____ 소리: _____

 뜻: _____ 소리: _____

 뜻: _____ 소리: _____

 뜻: _____ 소리: _____

● 바르게 연결하세요.

 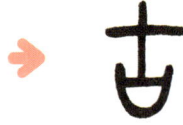 •   •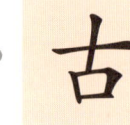

  •   •

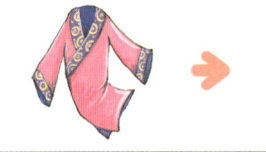 •   •

  •   •

● 빈 칸에 알맞은 한자를 쓰세요.

* 우리 가족은 한 달에 한 번 [외][식]을 합니다.

* [금][일]일은 휴업을 합니다.

* 그 마을 입구에는 [고][목] 한 그루가 서 있습니다.

* 노란 [우][의]를 입은 어린이가 너무 귀엽습니다.

● 뜻·소리에 알맞은 한자를 쓰세요.

우리나라에서 만들어진 한자

한자는 중국에서 만들어진 문자입니다.
그러나 아주 오래 전부터 우리나라, 일본, 동남아시아 여러 나라에서도 쓰이고 있죠.
그러면 우리가 사용하는 한자는 모두 중국에서만 만들어졌을까요?
그렇지 않습니다.
중국에는 없는 우리나라에서 만들어진 한자나 한자어도 있습니다.
다음의 한자, 한자어는 우리나라에서 만들어져 쓰이는 한자입니다.

* 田(밭 전)에 水(물 수)를 가두어 놓으면 무엇이 될까요?

* 옛날 남자 이름에는 돌, 걸이 많이 들어 있죠?
  돌, 걸 등은 한자로 어떻게 썼을까요?

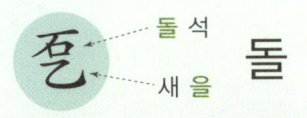 

* 우리나라에서 만든 한자어들도 있습니다.
  감기(感氣), 서방(書房), 도령(道令), 삼촌(三寸)

121a

121b

123a

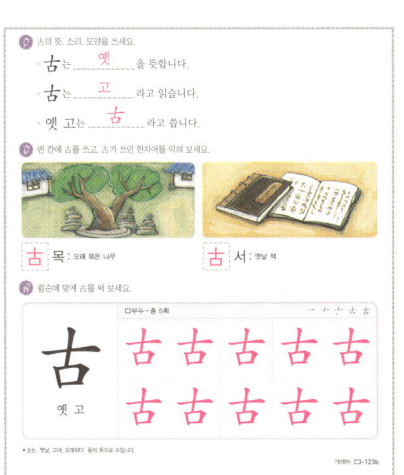
123b

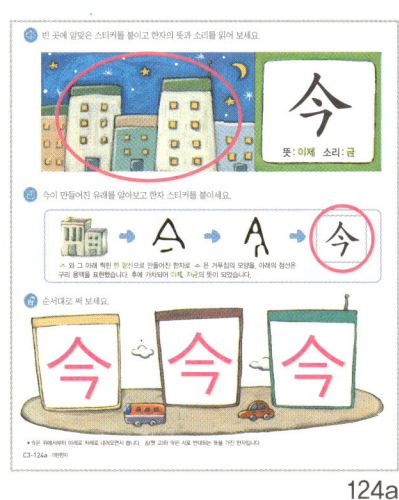
124a

124b

125a

125b

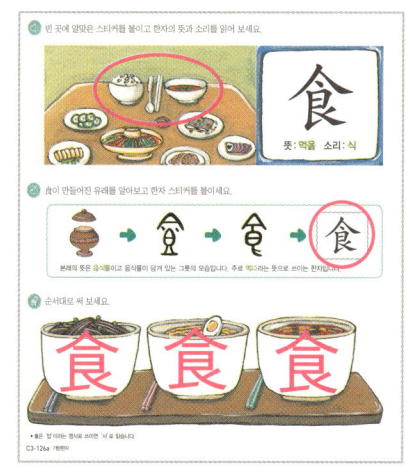
126a

기탄한자 **C3-131b**

126b

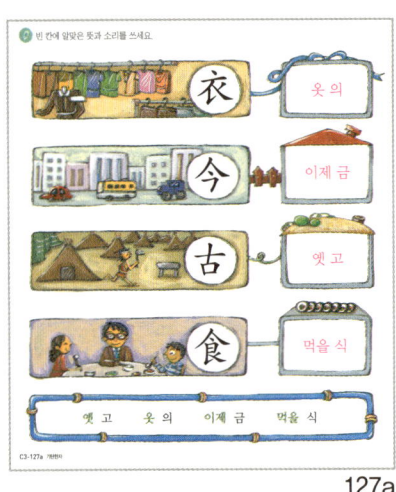
127a

127b

128a

128b

129a

129b

130a

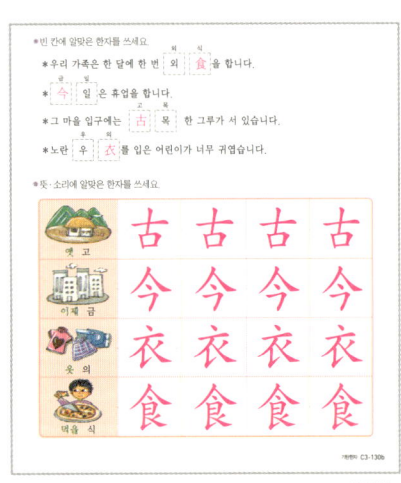
130b

古

今

衣

食

古木

古今

下衣

草食

고금

옛날과 지금

古:옛 고 今:이제 금

고목

오래 묵은 나무

古:옛 고 木:나무 목

기탄한자 C3집 11호

초식

푸성귀나 풀만 먹음

草:풀 초 食:먹을 식

기탄한자 C3집 11호

하의

몸의 아랫도리에 입는 옷

下:아래 하 衣:옷 의

기탄한자 C3집 11호

121b

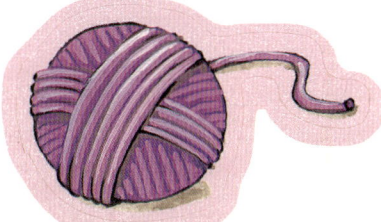

122a
今
이제 금

122b
古
옛 고

衣
옷 의

食
먹을 식

123a

124a

今

古

125a

126a

衣

食

먹을 식 食

펴낸이 : 정지향
펴낸곳 : (주)기탄교육
기획·편집·디자인 : 기탄교육연구소
주소 : 06698 서울특별시 서초구 효령로 40 기탄출판센터
등록 : 제2000-000098호
전화 : (02)586-1007
팩스 : (02)586-2337

※서점에 갈 시간이 없거나 구하기 어려운 분은 인터넷 또는 전화로 신청하세요. 즉시 우송해 드립니다.
● www.gitan.co.kr

ⓒ (주)기탄교육 All rights reserved.
저작권자의 동의 없이 본 교재를 무단으로 복제하거나 전재하는 것을 금합니다.

받아쓰기

- 엄마가 뜻·소리를 부르고 아이가 한자를 써 보도록 합니다.

11호에서 배운 한자를 다시 한번 써 보세요.

古
옛 고

今
이제 금

衣
옷 의

食
먹을 식

C3집
133a-144a

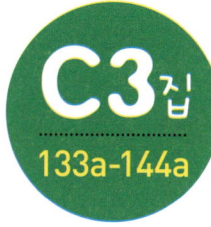

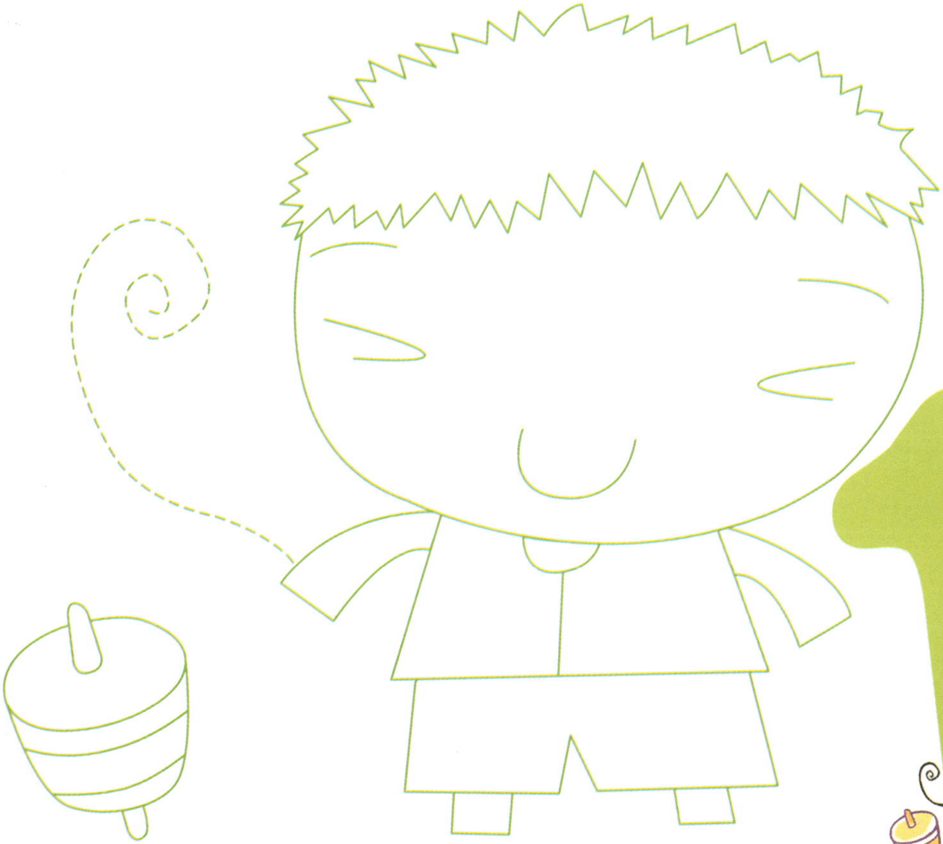

12호

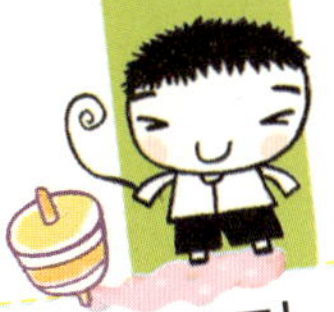

기탄한자 C단계 3집 133a~144a

그림으로 익히고 놀이로 기억하는 입체 한자 학습 프로그램

기탄® 한자

C3집
12호
133a-144a

공부한 날   월   일 ~   월   일
(원)교   반
이름   전화

www.gitan.co.kr

기탄교육

 **C단계**에서 배울 한자입니다.

	C단계						
1집	文, 化, 言, 才 兄, 弟, 交, 友 多, 少, 血, 肉	2집	出, 入, 內, 外 去, 來, 立, 坐 光, 明, 行, 步	3집	天, 地, 江, 河 毛, 皮, 角, 蟲 古, 今, 衣, 食	4집	君, 臣, 兵, 卒 方, 向, 左, 右 本, 末, 分, 合
	복습		복습		복습		복습

※ 매주마다 학습한 한자를 누적하여 읽어 보세요.

학습진단 관리표

	훈음 읽기	훈음 쓰기	한자 쓰기	한자어 읽기	이번 주는?
금주평가	Ⓐ아주 잘함 Ⓑ잘함 Ⓒ보통 Ⓓ노력해야 함	Ⓐ아주 잘함 Ⓑ잘함 Ⓒ보통 Ⓓ노력해야 함	Ⓐ아주 잘함 Ⓑ잘함 Ⓒ보통 Ⓓ노력해야 함	Ⓐ아주 잘함 Ⓑ잘함 Ⓒ보통 Ⓓ노력해야 함	● 학습방법 ❶매일매일 ❷가끔 ❸한꺼번에 하였습니다. ● 학습태도 ❶스스로 잘 ❷시켜서 억지로 하였습니다. ● 학습흥미 ❶재미있게 ❷싫증내며 하였습니다. ● 교재내용 ❶적합하다고 ❷어렵다고 ❸쉽다고 하였습니다.

지도 교사가 부모님께 | 부모님이 지도 교사께

종합평가 Ⓐ아주 잘함 Ⓑ잘함 Ⓒ보통 Ⓓ노력해야 함

C3집 133a-144a

이번 주에는 **C9, C10, C11호**에서 배운 한자를 복습해요.

이렇게 **도와** 주세요

1 일차 133a~134b
- C3집에서 배운 12자의 뜻, 소리를 읽어 봅니다.
- 天은 夫(남편 부), 大(큰 대)와 혼동하지 않도록 주의합니다.
- 한자 주사위 놀이로 아이와 재미있게 놀아 줍니다.

2 일차 135a~136a
- 毛는 手(손 수)와 구분하는지 살펴봅니다.
- 角, 蟲은 한자의 모양에서 뿔의 요소나 벌레의 모양을 연상할 수 있게 지도합니다.

3 일차 136b~137b
- 食은 '식'과 '사' 두 가지로 소리나지만 학년이나 나이에 따라 선택적으로 구분하고 '식'만 학습해도 무방합니다.

4 일차 138a~140b
- 12자의 한자를 여러 가지 방법을 활용해서 기억하도록 합니다.
- 유난히 어려워하는 한자는 카드를 이용하여 함께 놀이 학습으로 도와 줍니다.

5 일차 141a~144a
- 형성평가를 통해 C3집에서 배운 12자의 성취도를 평가합니다.
- 8세 미만의 경우는 훈음 읽기 위주로 목표를 정하고 쓰기는 50% 이상의 점수를 맞으면 다음 진도로 진행합니다.

복습해요

🔊 한자의 뜻과 소리를 말해 보세요.

天	地	江	河

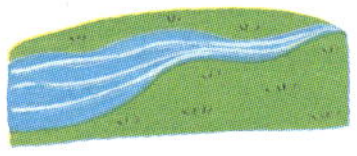

毛	皮	角	蟲

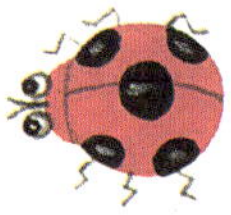

古	今	衣	食

● C3집 9호, 10호, 11호에서 배운 한자를 복습합니다. 모르는 한자를 위주로 지도합니다.

 天 地 江 河

어떤 한자를 배웠나요? 스티커를 붙이고 알맞은 한자를 쓰세요.

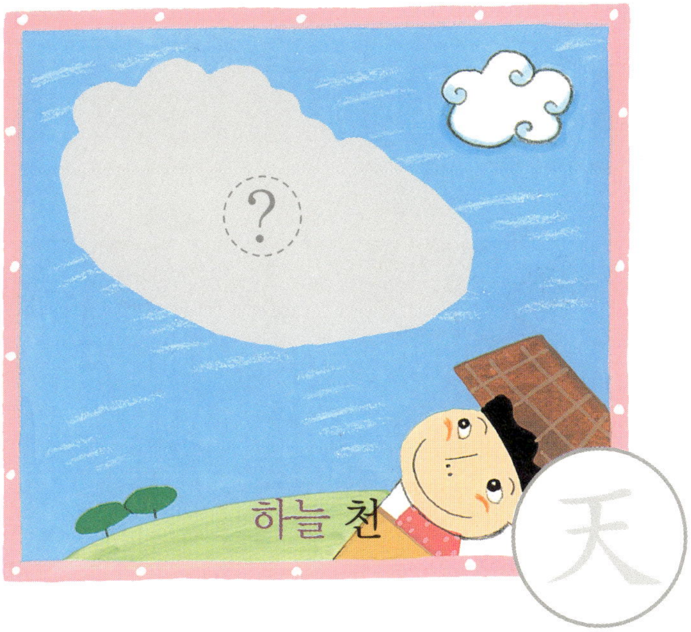

하늘 천 — 天

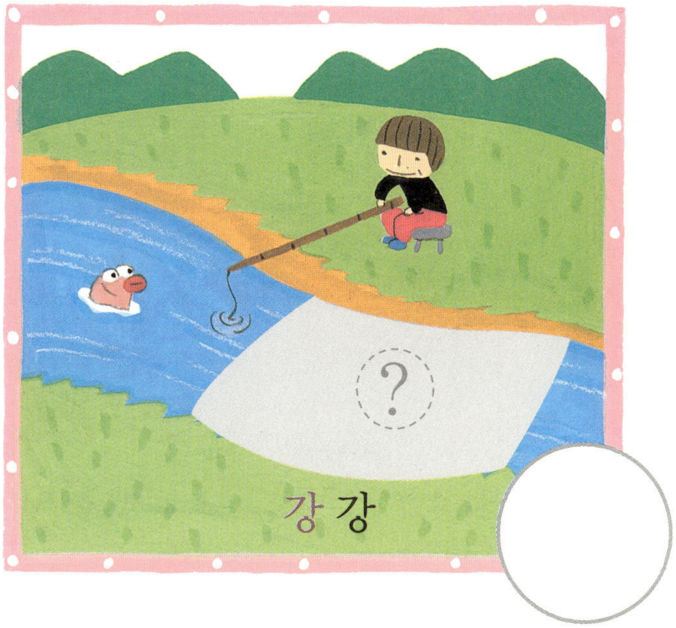

강 강

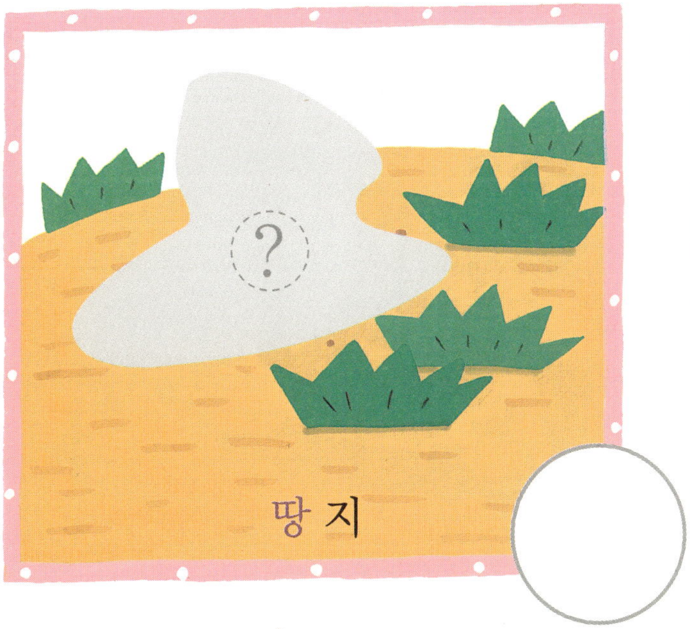

땅 지

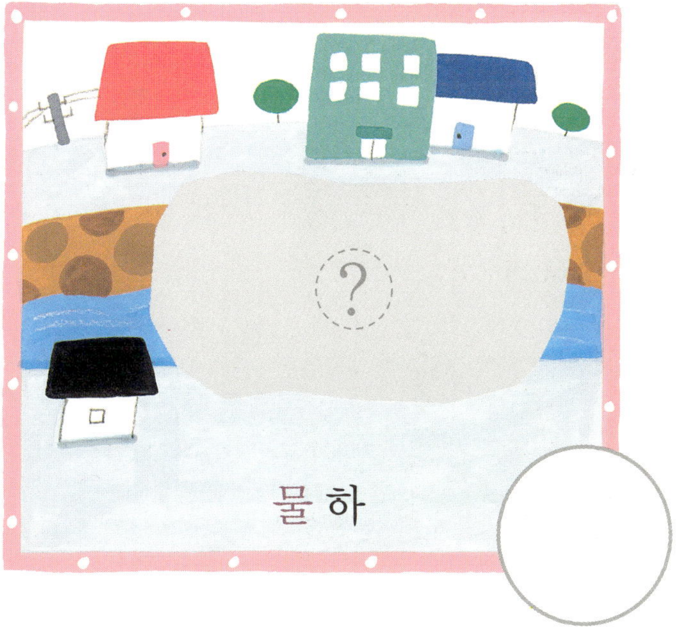

물 하

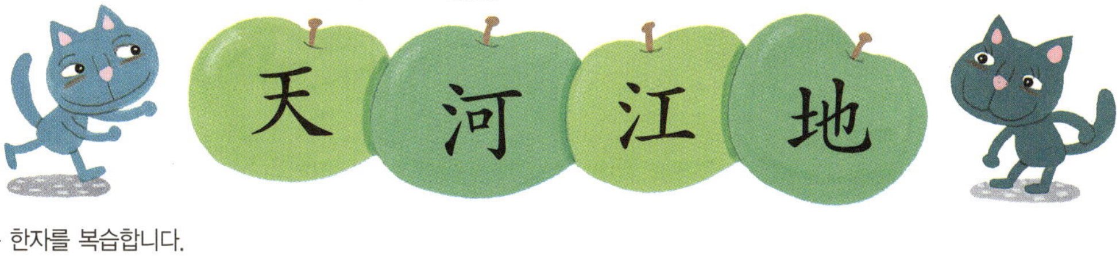

天 河 江 地

🖊 동물이 설명하고 있는 한자는 무엇일까요? 빈 칸에 쓰세요.

- 사람의 머리 꼭대기라는 뜻에서 하늘이란 뜻을 나타낸 한자입니다.

- 큰 뱀이 땅에서 꿈틀거리는 모양을 본떠 땅이란 뜻을 나타내는 한자입니다.

- 강을 뜻하고 강으로 읽습니다.

- 강 또는 물을 뜻하며 하라고 읽습니다.

✏️ 빈 칸에 알맞은 한자를 쓰세요.

할머니댁 앞에는 河[천]이 흐른다.

내 강아지 토토는 분명 [천][국]에 갔을거야.

우주에서 바라본 [지]구는 정말로 아름답구나.

무궁화 삼천리 화려 [강]산

地　　天　　河　　江

● 河천 ➡ 河川, 江산 ➡ 江山으로 바꾸어 써 봅니다.

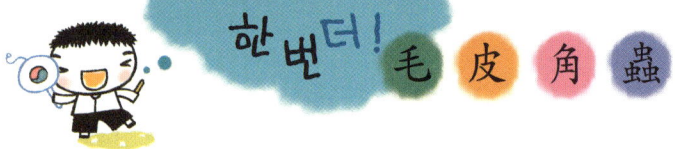

어떤 한자를 배웠나요? 스티커를 붙이고 알맞은 한자를 쓰세요.

털 모

가죽 피

뿔 각

벌레 충

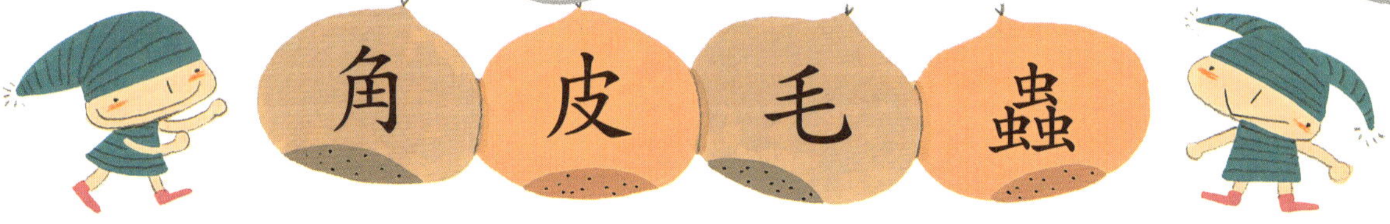

角 皮 毛 蟲

• C3집 10호에서 배운 한자를 복습합니다.

빈 칸에 알맞은 한자를 쓰세요.

동물 애호가들은 　모　 피 옷 입는 것을 반대한다.

아빠는 　피　 혁 수출 회사에 다니신다.

한약방에 걸린 녹 　각　 을 보고 깜짝 놀랐다.

해 　충　 을 박멸하자.

角　　皮　　毛　　蟲

● 毛皮 ➡ 毛皮로 바꾸어 써 봅니다.

어떤 한자를 배웠나요? 스티커를 붙이고 알맞은 한자를 쓰세요.

옛 고

이제 금

옷 의

먹을 식

古 食 衣 今

• C3집 11호에서 배운 한자를 복습합니다.

동물이 설명하고 있는 한자는 무엇일까요? 빈 칸에 쓰세요.

- 음식이 담겨 있는 그릇의 모습을 나타내며, 먹다를 뜻합니다.
- 이제, 지금을 뜻하고 금이라고 읽습니다.
- 본래 윗옷의 모양을 본떠 만든 한자로 의로 읽습니다.
- 옛날을 뜻하고 고라고 읽습니다.

빈 칸에 알맞은 한자를 쓰세요.

할아버지는 [고][서]를 많이 간직하고 계신다.

[금]일 휴업.

노란색 [우][의]를 입은 동생이 너무 귀엽다.

야호! 오늘은 우리 식구 외[식]하는 날!

今　古　衣　食

• 슥일 ➡ 今日, 우衣 ➡ 雨衣, 외食 ➡ 外食으로 바꾸어 써 봅니다.

🖍 동화를 읽고 빈 칸에 알맞은 한자를 쓰세요.

나비의 옷

개미 한 마리가 **먹을** 食 것을 찾아 헤매고 있었어요.

그 때 번데기 한 마리가 꿈틀거리고 있었어요.

"쯧쯧, 흉칙해라. **손**☐도 **발**☐도 없어서 꼬리만 겨우 꼬물락거리는 모습이라니!

난 내가 가고 싶은 곳 어디든 갈 수 있는데……."

개미는 번데기를 업신여겼지만 번데기는 잠자코 듣기만 했어요.

며칠이 지난 어느 날이었어요.

개미가 **강**☐가를 지나는데 번데기 껍질이 남아 있었어요.

그 때, 어디선가 눈이 부실 만큼 아름다운 나비가 날아 왔어요.

天　地　江　皮　毛　上　手

"안녕, 개미야?"

"안녕, 아름다운 나비야! 너는 참 좋겠다. 고운 날개를 펄럭이며 하늘 ☐ 을 날면 얼마나 즐겁니? 나는 검은 옷 ☐ 만 입고, 매일 땅 ☐ 위 ☐ 만 기어 다녀야 하는데……."

그 말을 듣자, 나비는 말했어요.

"나는 예전에 너에게 업신여김 당했던 그 번데기인 걸. 지금 ☐ 은 껍질을 벗고 나비가 되었지만……."

개미는 깜짝 놀라 번데기 껍질을 바라보았어요.

그리고는 겉모습만 보고 흉을 보았던 것을 후회했어요.

角
蟲
古
今
衣
食
足

다지기

관계있는 것끼리 연결하고 빈 칸에 한자를 쓰세요.

天 •	• 물 하	河
工 •	• 하늘 천	
河 •	• 땅 지	
地 •	• 털 모	
毛 •	• 뿔 각	
角 •	• 강 강	江

• 가려진 한자를 보고 3집에서 배운 한자를 떠올리며 훈음에 맞게 연결합니다.

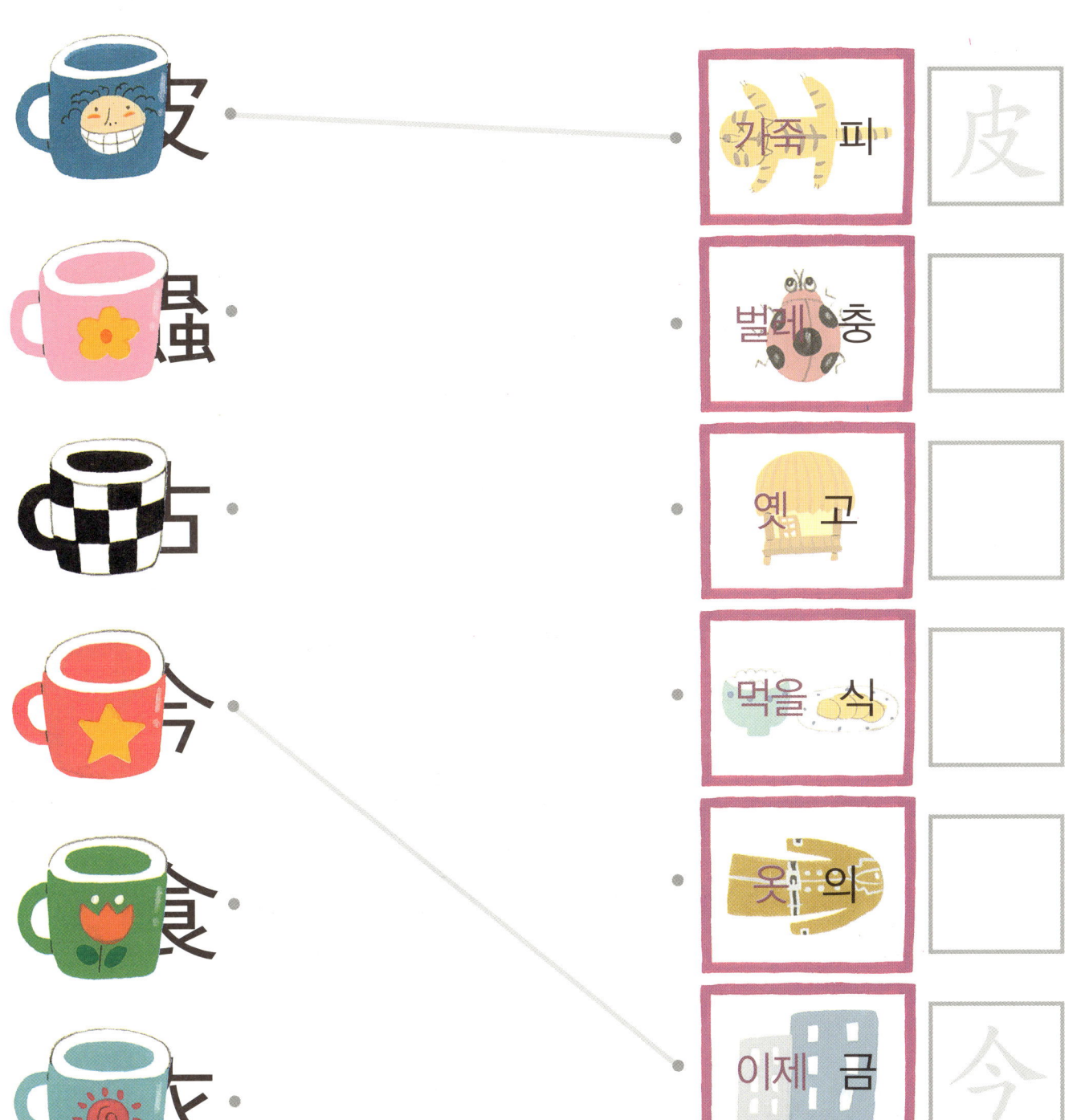

✏️ 빈 칸에 뜻과 소리를 쓰고 필순에 맞게 한자를 쓰세요.

天	天			
	一 二 テ 天			
地	地			
	一 十 土 圵 圠 地			
江	江			
	丶 丶 氵 氵 汀 江			
河	河			
	丶 丶 氵 氵 疒 沪 河 河			

C3-141a 기탄한자

빈 칸에 뜻과 소리를 쓰고 필순에 맞게 한자를 쓰세요.

빈 칸에 뜻과 소리를 쓰고 필순에 맞게 한자를 쓰세요.

古					
一十十古古					
今					
ノ 人 亽 今					
衣					
丶 一 亠 ナ 衣 衣					
食					
ノ 人 亽 今 今 今 食 食 食					

얼마나 알고 있나요?

평가일	년 월 일
소 요 시 간	시 분 ~ 시 분
평가결과	28~36문항 — 아주 잘 했어요. C4집 13호를 학습하세요.
	19~27문항 — 틀린 한자를 다시 익혀요.
	18문항 이하 — C3집을 복습해요.

● 한자의 뜻과 소리를 쓰세요.

1. 天   뜻: 소리:
2. 今   뜻: 소리:
3. 江   뜻: 소리:
4. 角   뜻: 소리:

5. 古   뜻: 소리:
6. 皮   뜻: 소리:
7. 河   뜻: 소리:
8. 蟲   뜻: 소리:

9. 毛   뜻: 소리:
10. 地   뜻: 소리:
11. 衣   뜻: 소리:
12. 食   뜻: 소리:

● 선을 따라 잘라서 풀어 보세요.

● 빈 칸에 알맞은 한자를 쓰세요.

13. 하늘 천

14. 옛 고

15. 뿔 각

16. 물 하

17. 털 모

18. 먹을 식

19. 강 강

20. 벌레 충

21. 땅 지

22. 이제 금

23. 옷 의

24. 가죽 피

古 食 江 天 毛 今 角 蟲 河 皮 衣 地

● 빈 칸에 알맞은 한자를 쓰세요.

25. 천 국 / 국
26. 고 금 / 고
27. 해 충 / 해
28. 외 식 / 외
29. 직 각 / 직
30. 피 혁 / 혁
31. 양 모 / 양
32. 우 의 / 우
33. 고 목 / 목
34. 지 구 / 구
35. 강 촌 / 촌
36. 하 천 / 천

天 地 古 河 毛 食 江 蟲 角 今 皮 衣

해답

133b

134a

134b

135a

135b

136a

136b

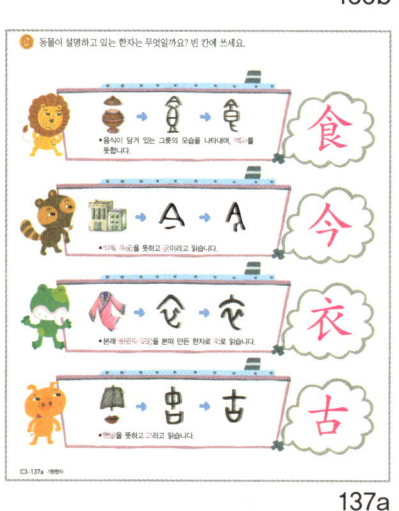

137a

137b

C3-144a 기탄한자

기탄한자 C3집 부교재 **한자 주사위 놀이**

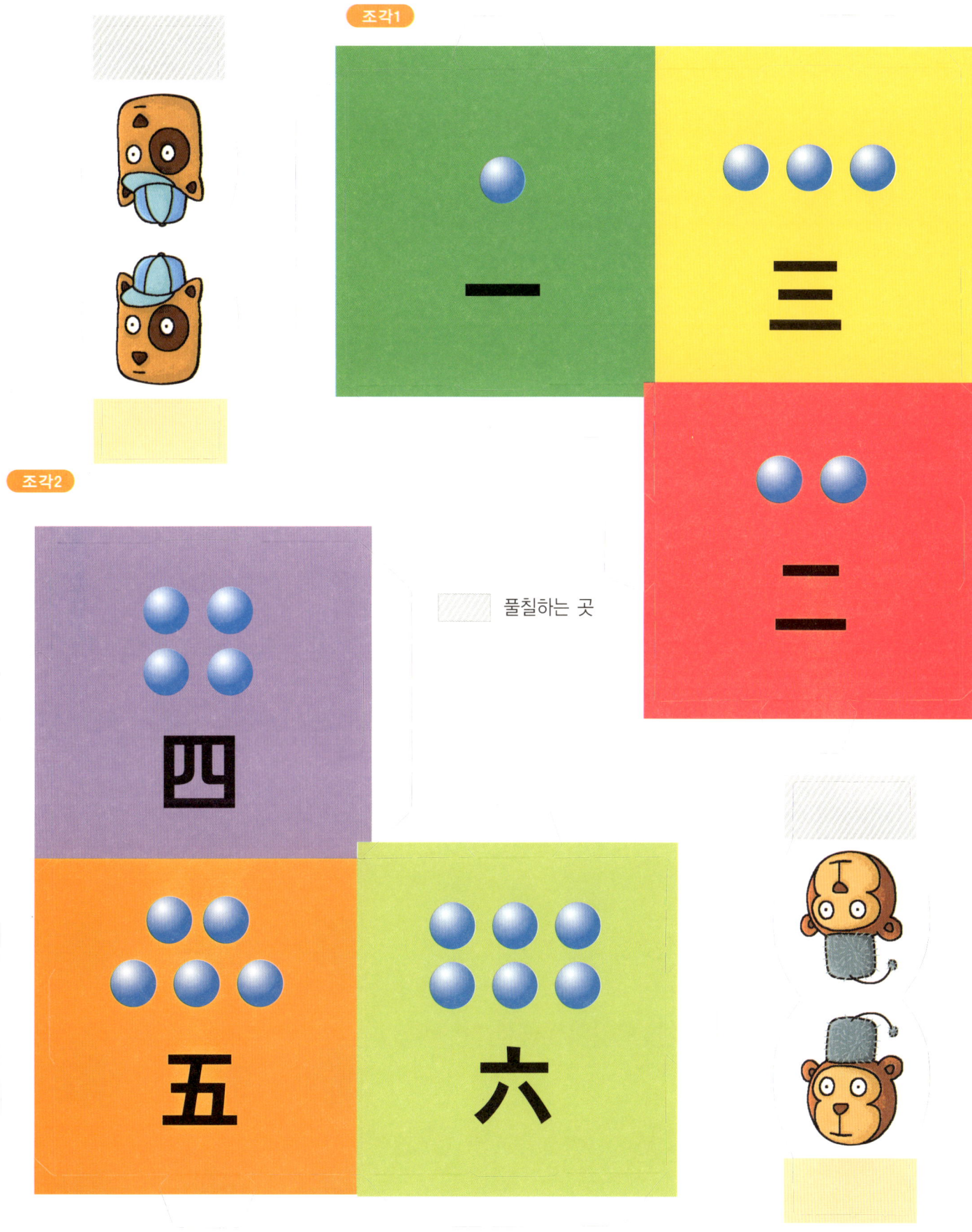

● **조각1** 과 **조각2** 를 맞추어 주사위를 만들어요. C3집 12호 간지에 실린 한자 주사위 놀이 방법을 활용해서 아이와 함께 놀아 주세요.

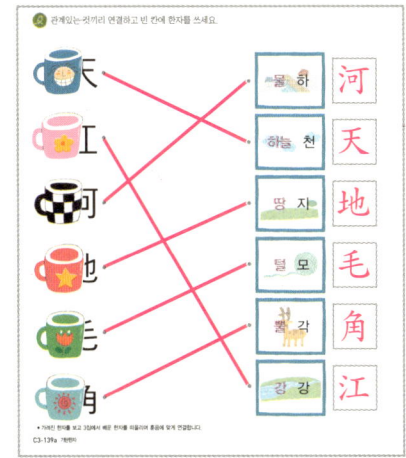
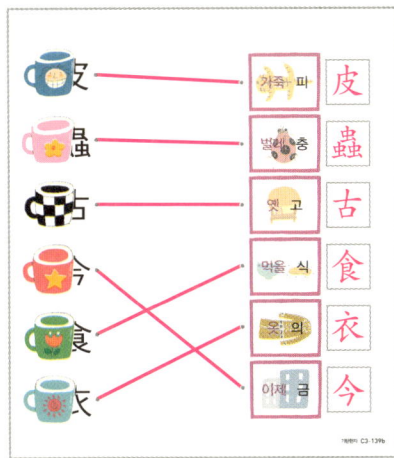

펴낸이 : 정지향
펴낸곳 : (주)기탄교육
기획·편집·디자인 : 기탄교육연구소
주소 : 06698 서울특별시 서초구 효령로 40 기탄출판센터
등록 : 제2000-000098호
전화 : (02) 586-1007
팩스 : (02) 586-2337

※서점에 갈 시간이 없거나 구하기 어려운 분은 인터넷 또는 전화로 신청하세요. 즉시 우송해 드립니다.
● www.gitan.co.kr

ⓒ (주)기탄교육 All rights reserved.
저작권자의 동의 없이 본 교재를 무단으로 복제하거나 전재하는 것을 금합니다.

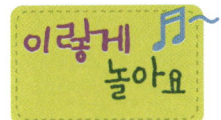

한자 주사위 놀이

한자 학습의 기본은 한자의 3요소를 익히는 것에서 출발합니다.
뜻, 소리, 모양을 충분히 익힌 후, 생활 속에서 기억할 수 있는 방법을 찾아 놀아 주세요.
한자 주사위와 말, 놀이판을 만들어 엄마와 아이가 재미있게 게임을 하면서 학습할 수 있는 놀잇감입니다.

1 12호의 부교재를 오려 주사위와 말, 놀이판을 만들어요.

2 엄마와 아이가 가위바위보를 하여 순서를 정해서 번갈아 주사위를 던져요.

3 주사위를 던져 나온 수만큼 말을 옮겨요.

4 60번에 먼저 도착한 사람이 이겨요.

• 제시된 놀이 방법 이외에도 재미있는 방법으로 익히도록 합니다.

기획·편집·디자인 기탄교육연구소
주소 06698 서울특별시 서초구 효령로 40 기탄출판센터 | **전화** (02) 586-1007 | **팩스** (02) 586-2337
ⓒ (주)기탄교육 All rights reserved. 본 교재의 저작에 관한 모든 권리는 (주)기탄교육에 있습니다. 저작권자의 동의 없이 본 교재를 무단으로 복제하거나 전재하는 것을 금합니다.